111 Orte im Braunschweiger Land, die man gesehen haben muss

Mit Fotografien von Thomas Hackenberg

111

emons:

Bibliografische Information der Deutschen Nationalbibliothek
Die Deutsche Nationalbibliothek verzeichnet diese Publikation in der Deutschen Nationalbibliografie; detaillierte bibliografische Daten sind im Internet über http://dnb.d-nb.de abrufbar.

Layout: Eva Kraskes, nach einem Konzept von Lübbeke | Naumann | Thoben
Kartografie: altancicek.design, www.altancicek.de
Kartenbasisinformationen aus Openstreetmap,

Druck und Bindung: B.O.S.S Medien GmbH, Goch
Printed in Germany 2015
ISBN 978-3-95451-671-1
Originalausgabe

Vorwort

Für dieses Buch bin ich gewandert, geschwommen und geklettert sowie Boot, Schlittschuh, Inliner, Fahrrad, Bus, Straßenbahn, Zug und Auto gefahren. Ich habe Burgen und Schlösser, Mühlen und Kirchen, Fabriken und Hochhäuser besichtigt. Ich bin auf die höchsten Türme geklettert und habe die schönsten Aussichten genossen. Ich war in skurrilen Kneipen, originellen Museen, grandiosen Parks und wertvollen Naturschutzgebieten. Ich habe faszinierende Kunstwerke gesehen, lokale Leckereien getestet und liebevoll restaurierten Musikinstrumenten gelauscht. Ich war bei Fußballspielen, Theaterstücken und Konzerten.

Und ich habe mich mit fast vergessenen Schriftstellern, legendären Autos, gefährlichen Schlangen und niedlichen Ottern beschäftigt. Ich habe mich also in das Stadtleben gestürzt und mich in das Landleben begeben – und dabei mit vielen Menschen gesprochen, die sich darüber gefreut haben, dass sich jemand für ihr ganz spezielles Thema interessiert, seien es nun Kaffeekannen, Tonmöbel oder barocke Schlösser. Ja, für dieses Buch bin ich sogar in die Vergangenheit gereist und habe Ausflüge in die Zukunft unternommen. Und ich habe Denkmäler, Gedenkstätten und Friedhöfe besichtigt, die auch an die dunklen Seiten der regionalen Geschichte erinnern.

Auf diese Weise habe ich Braunschweig, seine Nachbarstädte und die umliegenden Landkreise auch für mich selbst ganz neu entdeckt.

Ich wünsche viel Vergnügen und Erkenntnisgewinn beim Lesen dieses Tippgebers und dem Bereisen der Orte! Und ich freue mich, wenn Sie mir über meine Website (www.axel-klingenberg.de) Feedback geben.

111 Orte

TAT-O-MAT

1 Der Altstadtmarkt

Wo Daniel Brühl Filme dreht

Braunschweig ist eine schöne Stadt – und sie wäre noch schöner, wenn es die Bombenangriffe im Zweiten Weltkrieg nicht gegeben hätte. Vorher galt sie als die größte zusammenhängende Fachwerkinnenstadt Deutschlands, danach war sie zu gut 90 Prozent zerstört. Übrig geblieben waren unter anderem die steinernen Kirchen, die Gebäude dazwischen waren jedoch verschwunden. Auf Bildern aus jener Zeit ist zu erkennen, dass man damals – heute kaum noch vorstellbar – freien Blick vom Hagenmarkt auf den Altstadtmarkt hatte.

Der größte Teil der Innenstadt wurde nach dem Krieg schnell wieder aufgebaut, denn die Menschen mussten ja irgendwo wohnen, arbeiten und lernen, was zur Folge hatte, dass oft keine Rücksicht genommen werden konnte auf ästhetische oder kulturhistorische Belange. Doch immerhin kamen die Stadtplaner auf die brillante Idee, sogenannte Traditionsinseln einzurichten, die nach historischen Vorbildern wieder aufgebaut wurden: das Magniviertel, der Burgplatz, das Viertel um die St.-Michaelis-Kirche und der Altstadtmarkt waren die ersten, in den letzten Jahrzehnten folgten weitere. Der Altstadtmarkt gilt als besonders gelungen, weshalb er schon als Filmkulisse diente, unter anderem für »Der ganz große Traum«, in dem Daniel Brühl den Braunschweiger Lehrer und Fußballpionier Konrad Koch spielt.

Und es ist tatsächlich so, dass man sich, auf dem Altstadtmarkt stehend, in längst vergangene Zeiten zurückversetzt fühlen kann, wenn man ein paar Dinge ignoriert (Verkehrsschilder, Schaufenster, Autos), die es damals nun mal nicht gegeben hat, und sich stattdessen auf die Martini-Kirche, das Altstadtrathaus, das Gewandhaus, das Stechinelli-Haus oder den Brunnen in der Platzmitte konzentriert. Und wenn man das tut, dann darf man doch ein bisschen traurig sein, dass es die Braunschweiger Innenstadt, so wie sie früher ausgesehen hat, nicht mehr gibt.

Adresse Altstadtmarkt, 38100 Braunschweig-Innenstadt | **ÖPNV** Bus 411, 413, 416, 418, 422, 443, 450, 480, 560, Haltestelle Altstadtmarkt | **Tipp** Ein eher ungewöhnliches Denkmal ist der »Denkraum: Namen und Steine«, das von der Deutschen AIDS-Stiftung betrieben wird. Die Steine, welche an Menschen erinnern, die an AIDS starben, sind hinter der Martini-Kirche zu finden. Mehr Infos unter http://braunschweig-aidshilfe.de/aids-hilfe/projekte.

2 Der Ausblick vom i-Vent

Wo sind wir hier denn eigentlich?

Ein Highlight im Heidberg: Das i-Vent ist ein spanisches Restaurant mit Bar und befindet sich im 17. Stock eines der höchsten Wohnhäuser der Stadt, das vor einigen Jahren aufwendig saniert wurde. Von hier aus hat man nicht nur einen hervorragenden Überblick über Braunschweig, sondern auch über die Umgebung – und kommt dabei vielleicht ins Grübeln, wie diese Region eigentlich heißt.

»Ostfalen« hört man manchmal. Eine historische, allerdings eher ungebräuchliche Bezeichnung, zudem auch etwas unklar ist, was damit eigentlich gemeint ist. Suchte man es auf einer Landkarte, fände man es irgendwo zwischen Leine, Elbe, Saale und Unstrut. Auch der Ausdruck »Braunschweiger Land« wird manchmal benutzt – aber dieser ist ebenso nicht exakt, denn einen Staat mit diesem Namen gab es nie. Bezieht man Braunschweiger Land auf das Gebiet des Herzogtums Braunschweig (1814 gegründet), der Sozialistischen Republik Braunschweig (kurz nach dem Ersten Weltkrieg) und des Freistaats Braunschweig (1919–1933), dürfte man zum Beispiel Gifhorn, Wolfsburg und Salzgitter nicht dazuzählen, dafür aber Blankenburg (im heutigen Sachsen-Anhalt) und Holzminden sowie die Exklave Thedinghausen im heutigen Landkreis Verden.

Erst der Verwaltungs- beziehungsweise Regierungsbezirk Braunschweig nach dem Zweiten Weltkrieg (2004 aufgelöst) umfasste die ganze Region. Schaute man dem Volk aufs Maul, müsste man diese Region wahrscheinlich »Zwischen Harz und Heideland« nennen – so heißt sie zumindest in der inoffiziellen Vereinshymne, die bei den Spielen der Eintracht gesungen wird. Ob die Wolfsburger da mit einstimmen, darf allerdings bezweifelt werden.

Aber genug davon – jetzt erst mal einen Drink an der Bar. Vielleicht einen alkoholfreien Cocktail Florida, einen Cubra Libre, einen White Russian oder doch einen Spanish Sunset? Oder lieber ein Bier der Marke »Schwarzer Herzog« aus dem Hause Wolters?

Adresse Jenastieg 3–5, 38124 Braunschweig-Heidberg, www.ivent17.biz | ÖPNV Straßenbahn M 1, Haltestelle Sachsendamm; Straßenbahn 2, Haltestelle Erfurtplatz | Öffnungszeiten Di–So 17 Uhr–open end, So 10–14 Uhr großes Brunchbuffet | Tipp Willkommen in der Eiszeit! Die gleichnamige Eisdiele in Salzdahlum, kurz hinter der Stadtgrenze, in der Braunschweiger Straße 5, gilt als die beste der Region. Auf jeden Fall hat sie eine gigantische Auswahl und erfüllt auch spezielle Wünsche, zum Beispiel nach veganen Sorten (www.eiszeit-salzdahlum.de).

3 Die Baßgeige

Die urigste Jazzkneipe der Region

Achim aus der Funzel, Elvis aus den Vier Linden und eben Bolle aus der Baßgeige – das sind nicht einfach Gastwirte, sondern, im besten Sinne, Braunschweiger Originale, die mit ihrem ganz besonderen Charme ihre Kneipen zu ganz besonderen Orten machen. Mit austauschbarer, genormter, langweiliger Systemgastronomie hat das nichts zu tun. Die Baßgeige lebt allerdings nicht nur von ihrem großartigen Wirt, sondern auch davon, dass sie ein Liveclub ist, wie es ihn hier in der Gegend kein zweites Mal gibt.

1977 gründeten eben jener Bolle und sein Kompagnon Lucius die Jazzkneipe und waren damals am Nabel der Braunschweiger Welt, denn die Breite Straße war in jenen Jahren noch viel mehr Vergnügungsviertel, als sie es heute ist. Von Anfang an war die Baßgeige nicht nur eine Kneipe, in der man nach Feierabend sein Wittinger trinken konnte, sondern ein Liveclub – mit durchaus internationalem Anspruch. Zu den Größen, die hier spielten, gehören unter anderem Eddie »Cleanhead« Vinson, Robert Lockwood Jr., Sunnyland Slim, Louisiana Red und Champion Jack Dupree sowie der Schlagzeuger Tony Oxley, der Saxofonist Alan Skidmore, der Pianist Rob van den Broeck und der Trompeter Benny Bailey.

Dabei ging es dem Wirt – dem man die Begeisterung für die Musik und die Künstler deutlich anmerkt – nie darum, bloßes Namedropping zu betreiben, sondern um die Förderung der Braunschweiger und Hannoveraner Musikszene. Wen wundert es da, dass der Saxofonist George Bishop (Gründungsmitglied der Braunschweiger Haus- und Hofband Jazzkantine) und der in Braunschweig geborene Posaunist und Komponist Nils Wogram (auch er ein langjähriger Jazzkantinenkoch) zu den gern gesehenen Gästen und Künstlern der Baßgeige zählten.

Die Baßgeige gehört somit in jeder Hinsicht zu den Kneipen, die man in Braunschweig nicht nur *gesehen*, sondern auch *gehört* haben muss.

Adresse Bäckerklint 1, 38100 Braunschweig-Innenstadt, www.bassgeige-bs.de | ÖPNV Bus 411, 413, 416, 418, 422, 443, 450, 480, 560, Haltestelle Hintern Brüdern; Straßenbahn 4, Haltestelle Radeklint | Öffnungszeiten Mo–Do 18–1 Uhr, Fr 18–3 Uhr, Sa 19–2 Uhr | Tipp Die St.-Petri-Kirche (von der Baßgeige aus zu sehen) hat eines der höchsten Kunstwerke der Stadt: den kupfernen Hahn von Bodo Kampmann auf der 71 Meter hohen Turmspitze. Fernglas empfohlen!

4 Die Bockwindmühle

Vom Winde bewegt

Mitten durch das Braunschweiger Land führt die Niedersächsische Mühlenstraße, als deren wichtigste Station wohl das Mühlenmuseum in Gifhorn gelten darf (siehe Seite 142). Bedenkt man, dass Niedersachsen schon immer ein Agrar- und damit auch ein Mühlenland war, ist die kleine Stadt in der Südheide sicherlich eine gute Wahl als Standort für eine derartige Einrichtung.

Station 8 ist die Bockwindmühle in Riddagshausen. Bockwindmühlen werden auch Kasten- oder Ständermühlen genannt und sind der älteste Windmühlentyp in Europa. Da das Mühlenhaus auf dem sogenannten Bock ruht, können diese Mühlen mit Hilfe des Außenbalkens (dem Steert) in den Wind gedreht werden – ein mühsames Unterfangen allerdings, weshalb in Holland im 15. Jahrhundert die Kokermühle entwickelt wurde, bei der das Mühlenhaus nicht mehr mitbewegt werden musste, wenn die Flügelstellung verändert wurde. Die Bockwindmühle, die in Riddagshausen zu sehen ist, wurde 1835 zwischen Cremlingen und Wittmar errichtet, musste jedoch schon ein Jahr später an den südlichen Ortsrand von Cremlingen versetzt werden, da ein neues Gesetz verlangte, dass Mühlen von öffentlichen Hauptstraßen entfernt werden. Anscheinend empfand man Mühlen damals als nicht so schön, wie wir es heute tun. Genauso wie heute manche Menschen Windräder, die legitimen Nachfolger der Windmühlen, als hässlich empfinden.

Von 1956 bis 1966 wurde die besagte Mühle übrigens elektrisch betrieben, danach durfte sie endlich in den verdienten Ruhestand gehen. Doch erst 1979 fand sie einen schönen neuen Standort in Riddagshausen. Victoria Luise wird sie nun genannt, in Erinnerung an die Tochter des Kaisers und der Braunschweiger Herzogin, die ihre letzten Lebensjahre in Riddagshausen verlebte. Die Mühle wurde erst vor wenigen Jahren restauriert, sodass sie heute von außen besichtigt werden kann – und die perfekte Kulisse für ein Picknick bietet.

Adresse Lünischhöhe / Riddagshäuser Weg, 38104 Braunschweig-Riddagshausen, www.niedersaechsische-muehlenstrasse.de | ÖPNV Bus 413, 418, 493, Haltestelle Nußberg | Tipp Ein weitgehend unbekannter kleiner See in Braunschweig ist der Lünischteich gleich um die Ecke.

5 Das Braunschweig-Kolleg

Wo Hitlerjungen und 68er zur Schule gingen

Die Schulgebäude in der Wolfenbütteler Straße haben eine wechselhafte Geschichte hinter sich. Heute sind dort das Braunschweig-Kolleg und das Abendgymnasium untergebracht. Auf ersterem hatte der spätere Schriftsteller Uwe Timm sein Abitur erworben, zusammen mit Benno Ohnesorg, der 1967 bei einer Demonstration gegen den persischen Schah in Berlin erschossen wurde – der Auslöser für die 68er-Revolte in Deutschland. In seinem autobiografischen Buch »Der Freund und der Fremde« erzählt Timm von dieser Zeit.

In den Gebäuden im ehemaligen Richmondpark war ursprünglich jedoch die »Akademie für deutsche Jugendführung« untergebracht, eine Nazi-Elite-Schule. Auch sie hatte einen berühmten Schüler: Sally Perel, ein in Peine geborener Jude, der sich mit falscher Identität, als »Hitlerjunge Salomon«, hier versteckt hielt. Insbesondere die »Ehrenhalle« im Eingangsbereich vermittelt noch einen guten Eindruck von der nationalsozialistischen Ästhetik.

Im August 1939 war diese Ausbildungsstätte für Hitlerjugend-Führer eröffnet worden, doch schon der erste Lehrgang musste abgebrochen werden, da die Teilnehmer zur Armee einberufen wurden. In den nächsten Jahren fanden nur noch Kurzlehrgänge für Funktionärinnen des Bunds deutscher Mädel und kriegsversehrte ehemalige HJ-Führer statt.

Natürlich sollte auch an der Akademie die »deutschblütige Abstammung« Aufnahmevoraussetzung sein und Unfugsfächer wie »Rassenhygiene« gelehrt werden. Da jedoch geplant war, die Absolventen in Einzelzimmern unterzubringen (in den fünf kleinen Häusern links neben dem Hauptgebäude), erinnerte die Akademie zumindest äußerlich mehr an britische Colleges als an die in Deutschland üblichen Internatskasernen.

Und das Schönste ist, dass die HJ die Gebäude selbst kaum nutzen konnte – seit etlichen Jahrzehnten dienen sie nun schon einem demokratischen Staat als Schulen. Wenn das »der Führer« wüsste …

Adresse Wolfenbütteler Straße 57, 38124 Braunschweig, www.bsk-agy.de | **ÖPNV** Straßenbahn M 1, 2, Bus 420, Haltestelle Richmondweg | **Öffnungszeiten** Besichtigung nur von außen, außer bei Führungen (Termine bitte der Tagespresse entnehmen) | **Tipp** Die Flag-Football-Mannschaft der Braunschweiger Lions trägt ihre Heimspiele ganz in der Nähe des Kollegs im Sportpark Rote Wiese, Rote Wiese 9, aus – für diejenigen, die mal etwas anderes sehen wollen als Fußball.

6 Die Bruchstraße

Deutschlands schönstes Rotlichtviertel

Prostitution gilt als das älteste Gewerbe der Welt. Das mag stimmen oder nicht, wahr ist auf jeden Fall, dass spätestens im 13. Jahrhundert die ersten »Hurenhäuser« in Deutschland entstanden. Die Kirche war übrigens maßgeblich an der Etablierung dieser Branche beteiligt, denn insbesondere der Klerus hatte einen enormen Bedarf an käuflichen Damen, dem Zölibat sei Dank. Und so verwundert es vielleicht nicht, dass die Prostitution in Braunschweig eine lange Tradition hat.

1594 wurde zwar jegliche »Unzucht« in der Stadt verboten, aber das konnte – wie sollte es anders sein – nicht durchgesetzt werden. Als idealer Schlupfwinkel bot sich ein aufgeschüttetes Sumpfland in der Oker an, der Bruch, in dem eine verwinkelte Siedlung entstand, in der allerlei zwielichtige Gestalten Zuflucht suchten. Die Huren, die bisher in den Randbereichen der Stadt arbeiteten – in der Mauern- und Echternstraße –, zogen nun ebenfalls hierher.

Und so ist das bis heute. Ob Kriege, Seuchen oder Regierungswechsel, die Bruchstraße ist die Bruchstraße geblieben, und jedermann weiß, was er dort bekommt. Jede Frau weiß das auch, darf sie aber – so sie dort nicht arbeitet – nicht betreten. Was ein bisschen unfair ist, denn immerhin ist das eine der schönsten Gassen der Stadt, da ihr selbst die Bombenangriffe im Zweiten Weltkrieg nichts anhaben konnten (vielleicht haben die alliierten Flieger sie ja absichtlich verschont). 33 kleine Häuschen mit Koberfenstern (wie man sie auch aus der Herbertstraße in Hamburg oder dem Rotlichtviertel in Amsterdam kennt) sind dort zu bewundern.

Es gibt natürlich immer wieder Anläufe, die Bruchstraße von der Prostitution zu befreien – dagegen wehrt sich aber die Braunschweiger Polizei, da sie ganz froh ist, einen Großteil des Gewerbes schön im Blick zu haben.

So wird uns die Bruchstraße wohl noch einige Jahrzehnte erhalten bleiben.

Adresse Bruchstraße, 38100 Braunschweig-Innenstadt | **ÖPNV** Straßenbahn M3, M5, Bus 411, 413, 416, 418, 422, 443, 450, 480, 560, Haltestelle Friedrich-Wilhelm-Straße; Bus M29, Haltestelle Friedrich-Wilhelm-Platz | **Tipp** Wer mal unverbindlich in Braunschweigs verruchtes Nachtleben reinschnuppern möchte, dem sei der Besuch des Goldfingers, Wallstraße 42, empfohlen, gegenüber des (hinteren) Eingangs zur Bruchstraße.

7__Die Buchhorst

Unter Raubwürgern

Die Buchhorst ist eines der ältesten Naturschutzgebiete Deutschlands und im Braunschweiger Land einmalig. Mittendrin befindet sich eine kleine Waldhütte, die unter anderem von Kindergärten für »Waldwochen« genutzt wird. Die meisten Kinder finden es hier sehr schön – nur das Plumpsklo mögen sie oft nicht. In diesem aus einem ehemals als Weide genutzten Hutewald entstandenen Laubmischwald (hauptsächlich wachsen hier Eichen, Birken und Buchen) mit Wiesen und Teichen gibt es zudem ein Wildgehege für Damwild, an dem man auf einer Tour mit dem Fahrrad Halt machen kann. Auch schön: die Weddeler Grabenniederung, auf der unter anderem Schottische Hochlandrinder weiden – und sehr gut zu beobachten sind. Aber man kann hier auch viele frei lebende Tier sehen: Frösche und Kröten, Blindschleichen und Eidechsen, Libellen und Schmetterlinge, Feldhasen und Fledermäuse, Feldlerchen und Rebhühner, Wachteln und Kiebitze sowie solche gefährlichen Vögel wie Neuntöter und Raubwürger. Wenn man mehr darüber erfahren möchte, kann man den Naturerlebnispfad mit seinen Stegen, Aussichtspunkten und erklärenden Tafeln ablaufen oder -fahren oder eine Führung mit einem der Ranger machen.

Auch das Waldforum mit seinem Arboretum (einer Baumsammlung), seinen Ausstellungen und Veranstaltungen lädt zum Schlauerwerden ein.

Früher war dies der Reichsjägerhof, der in den 30er Jahren im Stil eines niedersächsischen Bauernhauses errichtet worden war und eine Fasanerie, einen Falkenhof, Pferdeställe und einen Tontaubenschießstand beherbergte. Die Braunschweiger Nazis wollten sich damit beim Reichsjägermeister Hermann Göring einschmeicheln, der das Geschenk aber weitestgehend ignorierte. Der Plan, eine Prachtstraße vom damaligen Bahnhof in der Innenstadt bis zum Reichsjägerhof zu bauen, wurde nicht verwirklicht. Nur die heutige Ebertallee zeugt noch von diesem wahnwitzigen Vorhaben.

Adresse Waldforum Riddagshausen, Ebertallee 44, 38104 Braunschweig-Riddagshausen, www.waldforum-riddagshausen.de | **ÖPNV** Bus 418, Haltestelle Grüner Jäger | **Öffnungszeiten** die Buchhorst ist immer zugänglich; das Waldforum Mo, Mi, Fr 10–14 Uhr und jeden 1. So im Monat 11–16 Uhr (bei Veranstaltungen bis 17 Uhr) | **Tipp** Tradition hat einen Namen: Seit fast 270 Jahren gibt es das Lokal »Grüner Jäger« in der Ebertallee 50. Hier ist schon der Schriftsteller Wilhelm Raabe mit seinem Stammtisch, den »Ehrlichen Kleidersellern zu Braunschweig«, eingekehrt

8 Die Burg Dankwarderode

Das Bollwerk des Löwen

Die Burg Dankwarderode steht gleich neben dem Dom und ist mit diesem durch einen Arkadengang verbunden. Doch was man dort sieht, ist nicht das historische Gebäude, sondern ein Neubau aus dem 19. Jahrhundert, der auf den alten Grundmauern errichtet wurde. Die Rückwand und der Säulengang sind historisch wohl korrekt, doch die Vorderseite zum Burgplatz ist dann doch etwas schöner geworden, als sie einst war.

Und das ist auch gut so, denn der Burgplatz ist nun mal einer der wichtigsten öffentlichen Orte in Braunschweig. Hier befinden sich nicht nur wichtige historische Gebäude (unter anderem das Huneborstelsche Haus, das Veltheimsche Haus und das Vieweg-Haus), sondern hier schlägt auch das Herz der Stadt – da hat sich in all den Jahrhunderten nicht viel geändert.

Wer Braunschweig sagt, meint eben immer auch den Burgplatz. Und wer Burgplatz sagt, kommt nicht umhin, den Weihnachtsmarkt zu erwähnen, der der schönste Deutschlands ist. Fast genauso schön ist der stets zu Pfingsten stattfindende Mittelaltermarkt, für den es keinen passenderen Ort als den Burg- und den Domplatz geben kann. Und dann wäre da ja noch das sommerliche Open-Air-Theater, für das das Staatstheater seine heiligen Hallen verlässt, um mit populären Opern- oder Musicalaufführungen die Bürger der Stadt zu erfreuen. Ein echtes »Kleinod« ist das Antiquariat am Burgplatz, das mit seinen acht Quadratmetern tatsächlich das kleinste Deutschlands ist.

Aber zurück zur eigentlichen Burg: Ein Besuch ist nicht nur Pflicht für jeden Gast der Stadt, sondern auch für jeden Einwohner. Man kann sogar behaupten, dass, wer den prächtigen Rittersaal noch nicht gesehen hat, sich nicht rühmen darf, Braunschweig gesehen zu haben. Frauen sollten allerdings darauf achten, nicht in High Heels zu kommen – es würde ihnen schwer fallen, heil den kopfsteingepflasterten Burgplatz zu überqueren.

Adresse Burgplatz 4, 38100 Braunschweig-Innenstadt | **ÖPNV** Straßenbahn M1, M3, 2, 4, Bus 230, 411, 413, 416, 418, 420, 422, 443, 450, 480, 560, Haltestelle Rathaus | **Öffnungszeiten** Di, Do–So 10–17 Uhr, Mi 10–20 Uhr | **Tipp** Auf dem Platz der Deutschen Einheit ist ein originales Stück Berliner Mauer ausgestellt – mit Original-Graffiti.

9 Der Burgundenplatz

Nackter Mann in rosa Umgebung

Mit dem Bau des Siegfriedviertels wurde schon in den 20er Jahren des letzten Jahrhunderts begonnen – und nicht erst in den 30ern, wie der Name vielleicht vermuten ließe, da die Nationalsozialisten ja bekanntlich ein Faible hatten für alles, was sie für germanisch oder altdeutsch hielten. Fast alle Straßen des Siegfriedviertels sind nach Figuren aus der Nibelungensage benannt, erinnern an andere alte Mythen oder untergegangene Volksstämme, sei es nun die Gudrunstraße, die Cheruskerstraße, die Heliandstraße, die Freyastraße, die Parzivalstraße, die Tristanstraße, die Artusstraße oder der Walkürenring.

Am wichtigsten war dem Stadtplaner Hermann Flesche aber wohl der Echsenschlächter Siegfried, weshalb sich in der Mitte der Siedlung, auf dem Burgundenplatz, ein Denkmal für ihn befindet. Nackt steht er dort, sein Gemächt hält er durch Schwert und Schild bedeckt, was ihn aber nicht weniger verletzlich wirken lässt.

Umgeben ist der Platz von rosa Mehrfamilienhäusern, deren Farbgebung angeblich noch aus der Anfangszeit stammt. Auf der anderen Straßenseite befindet sich übrigens ein beliebter Spielplatz.

Die Gartenstadt Siegfriedviertel war eigentlich ein klassisch sozialdemokratisches Projekt und wurde als Satellitenstadtteil in einigem Abstand zum eigentlichen Stadtkern errichtet, auf der Flurgemarkung Ärkeroder Feld, deren Name an das Dorf Marquarderode erinnert, welches um 1400 wüst gefallen ist. Beim Siegfriedviertel handelt es sich also streng genommen um eine Wiederbesiedlung. Der hufeisenförmige Burgundenplatz mit seinen Grünflächen sollte eigentlich den geografischen Mittelpunkt der Siedlung bilden – ein Plan, der schon in den 30er Jahren obsolet wurde, als man das Viertel durch die Donnerburgsiedlung erweiterte.

Doch noch immer hält Siegfried Wacht an seinem alten Standort, während er auf den beliebten und belebten Spiel- und Sportplatz gegenüber blickt.

Adresse Burgundenplatz, 38106 Braunschweig | **ÖPNV** Straßenbahn 2, Bus 416 (nur nachts), Haltestelle Burgundenplatz | **Tipp** An der Kreuzung Ottenroder Straße und Bienroder Weg finden Sie mit Roni eine sehr gute Pizzeria und ein exzellentes Eiscafé (meine Lieblingssorte: Karamell, www.ep-roni.de). Im Sommer können Sie dort auch sehr gut draußen sitzen.

10 Die Christentum-Säule

2000 Jahre auf achteinhalb Metern

Christentum-Säule wird sie allenthalben genannt, doch die offizielle Bezeichnung des Denkmals lautet »2000 Jahre Christentum«. Jürgen Weber, verstorbener Bildhauer und Professor an der Technischen Universität Braunschweig, hat versucht, die Geschichte dieser Weltreligion auf achteinhalb Metern darzustellen, indem er die seiner Meinung nach wichtigsten Ereignisse abbildet: die Geburt und Kreuzigung Jesu, die Christenverfolgung im Römischen Reich und die Eroberung Jerusalems während der Kreuzzüge zum Beispiel. Auch die Veröffentlichung von Martin Luthers 95 Thesen wird natürlich gewürdigt, da sie theologisch und politisch von nicht zu leugnender Bedeutung ist.

Umstritten ist jedoch die Darstellung der Anschläge auf das World Trade Center am 11. September 2001 – haben sie wirklich die Bedeutung, die ihnen hier zugeschrieben wird, als Abschluss- und Kulminationspunkt der Geschichte des Christentums? Und ist es angemessen, dass hier Kreuz, Halbmond und Davidstern gemeinsam im Rauch zu sehen sind?

Dass die drei Glaubenssymbole auf diese Weise gleichermaßen gewürdigt werden, sollte aber eigentlich niemanden verwundern, denn immerhin schrieb Gotthold Ephraim Lessing in der Nachbarstadt Wolfenbüttel sein geistiges Vermächtnis »Nathan der Weise«. In dem Werk werden nicht nur die gemeinsamen Wurzeln der abrahamitischen Religionen Judentum, Christentum und Islam hervorgehoben, sondern salomonisch gesagt, dass nur jene die wahre Religion sei, der es gelänge, »die Liebe« ihrer »Mitmenschen zu verdienen«. Ob allerdings Djihadisten in der Lage sind, diese Botschaft zu verstehen, darf bezweifelt werden. Da die Säule fast zehn Meter hoch ist, kann man übrigens viele Details gar nicht erkennen. Aber zum Glück steht gleich auf der anderen Straßenseite ein Fernrohr, das man für relativ kleines Geld benutzen darf, um sich auch die oberen Etagen des Denkmals anzuschauen.

Adresse Ruhfäutchenplatz, 38100 Braunschweig-Innenstadt | **ÖPNV** Straßenbahn M 1, M 3, 2, 4, Bus 230, 411, 413, 416, 418, 420, 422, 443, 450, 480, 560, Haltestelle Rathaus | **Tipp** Ebenfalls am Ruhfäutchenplatz, am Gebäude der Bezirksregierung, wird an den sozialdemokratischen Politiker Heinrich Jasper erinnert, der 1945 im KZ Bergen-Belsen starb.

11 Der Cimiotti-Brunnen

Kultur am Steinweg

Das Staatstheater Braunschweig hat eine lange Tradition. Es geht zurück auf das Jahr 1690, als mit dem Opernhaus am Hagenmarkt (nur wenige hundert Meter vom jetzigen Standort entfernt) eines der ersten öffentlichen Theater Deutschlands gegründet wurde. Verantwortlich dafür war Herzog Anton Ulrich, der sich einmal mehr als großer Förderer der Kunst und seines Ruhmes erwies. Er versuchte sich übrigens auch selbst als Dichter, Romancier und Dramatiker und gilt tatsächlich als einer der wichtigsten Barock-Lyriker im deutschsprachigen Raum.

Das Theater am Hagenmarkt sollte noch viele große Stunden erleben, denn unter anderem wurde hier 1829 Goethes »Faust I« uraufgeführt. Zu der Weltpremiere soll es allerdings nur gekommen sein, weil Herzog Karl II. dem Theaterdirektor August Klingemann unterstellte, dass dieser Goethes »Faust« nur deshalb nicht aufführe, weil er sich vor einem direkten Vergleich mit seiner eigenen Version fürchte – auch er hatte den Stoff bearbeitet. Also erstellte Klingemann eine Theaterfassung des als unspielbar geltenden Stückes. Die Aufführung wurde ein großer Erfolg, der Rest ist Geschichte.

1861 zog das Theater schließlich an seinen heutigen Standort an den Steinweg – und kann in seiner Bedeutung für das Kulturleben der Stadt gar nicht genug geschätzt werden. So wundert es auch nicht, dass kein anderer als Emil Cimiotti beauftragt wurde, den Vorplatz mit einem Brunnen zu verschönern. Cimiotti hatte in seinen Anfangsjahren als (abstrakter) Künstler viel Gegenwind gespürt, bis sich das Blatt wendete und er so gefeiert und ausgezeichnet wurde, wie man ihn zuvor abgelehnt und angegriffen hatte. 1963 zählte er gar zu den Gründungsmitgliedern der Hochschule für bildende Künste.

Ob der 2001 eingeweihte Brunnen den eigenen ästhetischen Vorstellungen entspricht, bleibt natürlich und zum Glück jedem selbst überlassen.

Adresse Am Theater, 38100 Braunschweig-Innenstadt | **ÖPNV** Bus 230, 411, 413, 416, 418, 422, 443, Haltestelle Staatstheater; Straßenbahn M1, M3, 2, 4, Bus 420, 450, 480, 560, Haltestelle Rathaus | **Tipp** Kurt Edzard hat 1950 »Die Stehende – Liebe zum Vollmond« entworfen, die ab 1980 im Schlosspark stand, um nach Beseitigung desselben seit 2010 im Theaterpark sehnsuchtsvoll gen Himmel zu blicken.

12 Der Dowesee

Vorbildliche Gartenkultur

Wer mit dem Fahrrad den Bienroder Weg Richtung Norden entlangradelt, wird kurz hinter dem Siegfriedviertel gegen eine Mauer fahren. Beziehungsweise eine Kältewand. Urplötzlich scheint hier die Temperatur um mehrere Grad zu sinken. Das liegt daran, dass dort ein Wasserschutzgebiet beginnt, in dem es tatsächlich ein wenig kühler ist als im Bereich der bebauten Flächen der Stadt. Das sollte allerdings niemanden davon abhalten, den Dowesee zu besuchen, der in einem der interessantesten Parks der Stadt liegt.

Eigentlich handelt es sich bei dem Dowesee, dem »tauben See«, um einen mit Grundwasser gefüllten Erdfall. Dies gilt auch für den benachbarten Bullenteich.

Im Umfeld dieser beiden Gewässer wurden in den letzten Jahrzehnten Feuersteingeräte und ein Einbaum gefunden, die darauf hindeuten, dass hier schon in der letzten Eiszeit – also vor 7.000 bis 10.000 Jahren – Menschen lebten.

Heute ist der Dowesee umgeben von einer Parkanlage, die vor allen Dingen den Bewohnern des Siegfriedviertels und der Schuntersiedlung als Naherholungsgebiet dient. Kleinere Kinder werden natürlich den Spielplatz und das Entenfüttern lieben, aber auch allen anderen Altersgruppen hat er etwas zu bieten, zudem er so vielfältig gestaltet ist wie keine andere Grünfläche in der Stadt. Ob Englischer Garten oder Kräutergarten, ob Arboretum oder Rosarium – der Park ist abwechslungsreich und bietet immer wieder etwas Neues. Dafür sorgen auch das Regionale Umweltbildungszentrum und die Veranstaltungsreihe »Kultur unter Glas«, in deren Rahmen Lesungen, Kunstausstellungen, Workshops, Führungen, Genussmärkte, Märchenstunden sowie Folk-, Blues- und Rockkonzerte stattfinden, entweder open air oder in den Gewächshäusern.

Doch am schönsten ist der Dowesee vielleicht dann, wenn man ihn (fast) für sich allein hat, was insbesondere unter der Woche durchaus vorkommen kann.

Adresse Doweseeweg 2, 38112 Braunschweig, www.braunschweig.de/leben/im_gruenen/ | ÖPNV Straßenbahn 2, Bus 416 (nur nachts), Haltestelle Burgundenplatz | Öffnungszeiten täglich Nov.–Feb. 9–16 Uhr, März und April 9–18 Uhr, Mai–Aug. 9–20 Uhr, Sept.–Okt. 9–18 Uhr | Tipp Wenn Sie auf dem Bienroder Weg noch ein paar hundert Meter weiter stadtauswärts fahren, kommen Sie in die Schuntersiedlung, eine ehemalige NS-Mustersiedlung mit Fachwerkbauten und Dorfplatz.

13 Der ehemalige Thingplatz

Stille Idylle

Den Prinzenpark kann man gar nicht genug anpreisen, denn er bietet unendlich viele Möglichkeiten der Freizeitgestaltung. Ob man sich nun mit dem Schlitten den Nußberg hinunterstürzt oder auf dem Kinderspielplatz die Rutsche runtersaust, ob man Hunde hinter Joggern herlaufen oder einen Drachen steigen lässt, ob man Eichhörnchen füttert oder sich im Biergarten ein Kaltgetränk gönnt, ob man sich ein Spiel der traditions- und ruhmreichen Freien Turner (ein ehemaliger Arbeitersportverein) anguckt oder oben auf dem Berg über die Mountainbike-Rampen rast – hier ist für jeden Geschmack, für jedes Alter und für jedes Temperament etwas dabei.

Der Aussichtsturm auf dem Nußberg (der nach der Patrizierfamilie Nottberg benannt wurde, also nichts mit Nussbäumen zu tun hat) ist übrigens eigentlich gar kein Aussichtsturm, sondern ein ehemaliger Beobachtungsbunker, der zu einem großen Bunkersystem gehörte. Nach Westen ausgerichtet wurden von hier die angreifenden alliierten Flieger gesichtet, die ihre tödliche Last auf Braunschweig abwarfen. Vom Bunker aus gesehen rechts befindet sich das Franzsche Feld (benannt nach einem Bauern namens Franz), das früher als militärischer Übungsplatz und als Aufmarschfeld für die SA diente. Deshalb findet man hier auch eine aus Feldsteinen errichtete Rednerkanzel.

Hinter dem Beobachtungsbunker geht es steil bergab, denn am Nußberg wurde im Mittelalter der Rogenstein abgebaut, der unter anderem zum Bau des Doms, aber auch zur Produktion von Kanonenkugeln benutzt wurde. Die Nazis sahen diese Aushöhlung als Aufforderung an, einen Platz für ihre monumental-kitschigen Thingspiele zu errichten. Nach dem Zweiten Weltkrieg bauten die Braunschweiger die terrassenförmige Anlage schnellstmöglich ab und nutzten die Bruchstücke für neue Gebäude in der zerstörten Stadt. Allerdings kann man noch heute den Aufbau des Freilichttheaters erahnen.

Adresse Zugang über Herzogin-Elisabeth-Straße, 38104 Braunschweig | **ÖPNV** Bus 418, 422, Haltestelle Nußbergstraße | **Tipp** Gegenüber vom Prinzenpark befindet sich der viel kleinere Stadtpark, der am schönsten ist, wenn im Frühjahr die Blumen blühen. Das dort ansässige Lokal Heinrich, Jasperallee 42, lädt hingegen zu jeder Jahreszeit zu Kaffee und Kuchen oder Bier und Hamburger ein (www.heinrich-braunschweig.de).

14 Der Eulenspiegel-Brunnen

Ein närrisches Vermächtnis

Braunschweig hatte nicht immer ein ganz glückliches Händchen mit den hier ansässigen Schriftstellern. Auch Hermann Bote (1450 bis ungefähr 1520) war ein ungeliebtes Kind dieser Stadt. Als Zoll- und Steuerschreiber lernte er früh, sich unbeliebt zu machen, sodass es zum Verfasser von Spottgedichten nur noch ein kleiner Schritt war. Eine Tätigkeit, die ihn sogar mal fast den Kopf gekostet hätte – und das darf man durchaus wörtlich verstehen! War es daher ein Wunder, dass er sein Hauptwerk anonym veröffentlichen musste? »Ein kurtzweilig lesen von Dyl Ulenspiegel geboren uß dem Land zu Brunßwick. Wie er sein leben volbracht hatt. XCVI seiner geschichten« sollte unter dem gedächtnisfreundlicheren Kurztitel »Till Eulenspiegel« bekannt werden.

Nur drei der Kapitel spielen übrigens direkt in Braunschweig. In dem bekanntesten geht es darum, dass der Schelm vom Elm einen Job als Bäcker angenommen hat – wie immer ohne jede Vorkenntnisse, was dazu führt, dass er seinen Meister fragt, was er denn nun backen solle. »Na, was wohl? Eulen und Meerkatzen natürlich«, antwortet dieser, in der Annahme, dass Eulenspiegel Ironie erkennt und selbst auf die Idee kommt, Brot und Brötchen herzustellen. Doch der kann oder will das nicht und backt daher brav Eulen und Meerkatzen. Als er daraufhin hinausgeworfen wird, darf er immerhin die Teigtiere mitnehmen. Und verkauft sie anschließend mit großem Gewinn. Womit er wieder mal einen Streit gewonnen hat!

Am Bäckerklint, heißt es, soll sich diese Geschichte zugetragen haben. Und dort hat man ihm daher für diese Heldentat auch ein Denkmal in Form eines Brunnens errichtet. Dort sitzt er nun, lacht die vorbeikommenden Passanten aus und lässt sich von Eulen und Meerkatzen bewundern.

Es gibt übrigens einige Bäcker in Braunschweig, die ihm nachzueifern versuchen, indem sie ebenfalls Backwaren in Form von Meerkatzen und Eulen anbieten.

Adresse Bäckerklint, 38100 Braunschweig-Innenstadt | **ÖPNV** Straßenbahn 4, Haltestelle Radeklint; Bus 411, 413, 416, 418, 422, 443, 450, 480, 560, Haltestelle Hintern Brüdern | **Tipp** Ein ganz besonderer Baum: Am Neuen Petritor steht die Friedrich-Wilhelm-Eiche, unter dessen Vorgängerin angeblich der sogenannte »Schwarze Herzog« in der Nacht vor dem Gefecht vor Ölper gerastet haben soll.

15 Der Flughafen

Forschung, Freizeit und Verkehr

Die große weite Welt ist von Braunschweig nur einen Katzensprung entfernt – beziehungsweise ein paar Flugstunden. Denn Braunschweig hat einen Flughafen. Er befindet sich südlich von Waggum und wurde 1936 in Betrieb genommen, als Ersatz für den Flugplatz in Broitzem, der nunmehr von der Luftwaffe beansprucht wurde. Von dem neuen Flughafen aus gab es Direktverbindungen nach Hannover, Halle und Berlin. Ein großer Erfolg also, weshalb 1939 auch ein dringend benötigtes Empfangsgebäude eingeweiht wurde. Nach Kriegsende war jedoch erst mal Schluss mit der Fliegerei in Waggum – erst 1955 konnte der Flughafen wieder in Betrieb genommen werden.

Heutzutage handelt es sich bei dem Flughafen Braunschweig-Wolfsburg, wie er nun heißt, um einen Verkehrsflughafen mit zwei Start- und Landebahnen. Prag, Posen und Moskau werden nun von hier aus regelmäßig angeflogen. Einer der Hauptnutzer ist Volkswagen, weshalb es tägliche Werkspendelverbindungen nach Manching bei Ingolstadt (Audi) und zum Stuttgarter Flughafen (Porsche) gibt. Außerdem starten hier Charterflüge nach Dubai und Marokko und die Fußballmannschaften von Eintracht Braunschweig und VfL Wolfsburg zu ihren Auswärtsspielen. Des Weiteren wird der Flughafen von Segelfliegern und Fallschirmspringern genutzt. Nicht zu vergessen die Forschungsflugzeuge des Deutschen Zentrums für Luft- und Raumfahrt und der Technischen Universität Braunschweig sowie die vielen kleinen und mittelständischen Unternehmen im Bereich der Luft- und Raumfahrt, der Verkehrstechnik und der Unterhaltungsindustrie, die hier angesiedelt sind. Ob Navigations- oder Simulationstechnik – hier wird Wissenschaftsgeschichte geschrieben. Es stimmt daher nicht, dass die große weite Welt, wie eingangs erwähnt, einen Katzensprung von Braunschweig entfernt ist – in Wirklichkeit ist sie mitten *in* Braunschweig. Oder zumindest am Rande. Bei Waggum.

Adresse Lilienthalplatz 5, 38108 Braunschweig-Querum, www.flughafen-braunschweig.de | **ÖPNV** Bus 436, Haltestelle Flughafen | **Öffnungszeiten** an jedem 1. Mi im Monat findet eine Besucherführung statt (nur mit Voranmeldung über die Website) **Tipp** Gleich neben dem Flughafen befindet sich der Verkehrsübungsplatz. Damit Sie schon mal die Fortbewegung auf dem Boden üben können.

16 Das Fotomuseum

Bilder im Torhaus

Was ist eigentlich Kunst? Musik natürlich. Und Literatur. Und darstellende Kunst. Und bildende Kunst. Zur letzteren gehören die Malerei und die Bildhauerei. Die Fotografie wird in solchen Aufzählungen hingegen oft vergessen. Leider, denn kaum eine Kunstform bietet so viele Möglichkeiten. Einerseits wird ja die Wirklichkeit abgebildet, andererseits bestimmt der Fotograf den Blickwinkel des Rezipienten – er nimmt also Einfluss darauf, was wie wahrgenommen wird. Es ist daher nur folgerichtig, dass es auch in Braunschweig ein Museum für Fotografie gibt. Dies ist in den Torhäusern auf beiden Seiten der Helmstedter Straße untergebracht und bietet immer wieder wechselnde Ausstellungen, die Einblicke in die Kunst der Fotografie ermöglichen.

Besonders interessant in diesem Zusammenhang sind vielleicht die Ausstellungen unter dem Motto »Das regionale Gedächtnis«, in deren Rahmen lokale Fotografen Bilder aus Braunschweig und der Umgebung präsentieren. Da findet man zum Beispiel beklemmend schöne Schwarz-Weiß-Fotos aus dem Operationssaal im Bunker in der Celler Straße. Und Bilder vom Protest gegen den Wiederaufbau des Schlosses oder ein »Protestzeichen-ABC« mit »Asse-As« und »Gorleben-Xen«. Und Fotos von der Schachtanlage Asse II, die unter skandalösen Umständen als Atommülllager missbraucht wird. Eines der Fotos von diesem Ort ist daher sinnigerweise auch nicht zu sehen – es ist in Beton eingegossen.

Andere Bilder zeigen die Roggenmühle in Lehndorf, die Bockwindmühle in Abbenrode, das Theater in Wolfsburg (kurz vor der Sanierung), das leer stehende Kaufhaus Hertie in Peine, die stillgelegte Bahnstrecke Braunschweig-Schöningen ... Nicht alles ist dabei von hohem künstlerischen Wert, manches ist »nur« von historischem Interesse.

Auf jeden Fall lohnt es sich, ab und an diesem kleinen, aber feinen Museum einen Besuch abzustatten.

Adresse Museum für Photographie, Helmstedter Straße 1, 38102 Braunschweig, www.photomuseum.de und http://dasregionalegedaechtnis.de/projekt/ | **ÖPNV** Bus 413, Haltestelle Steintor; Straßenbahn 4, Haltestelle Museumstraße | **Öffnungszeiten** Di – Fr 13 – 18 Uhr, Sa und So 11 – 18 Uhr | **Tipp** Einen der tollsten Braunschweiger Kinderspielplätze – bekannt als Indianerspielplatz – finden Sie am wunderschönen Wasserturm am Giersberg in der Giersbergstraße.

17 Der Friedenspfad

Erinnerung und Mahnung

Auf dem Katholischen Friedhof, direkt neben dem Braunschweiger Hauptfriedhof (siehe Seite 48), beginnt der Friedenspfad, der mehrere Stationen miteinander verbindet, die – direkt oder indirekt – Krieg und Gewaltherrschaft zum Thema haben. Die erste Station ist die Friedenskapelle, in der Ausstellungen, Vorträge, Lesungen und Zeitzeugenberichte stattfinden. In der von dem Künstler Gerd Winner konzipierten »Totenklage« finden sich die Namen aller zwischen 1933 und 1945 in Braunschweig getöteten Menschen.

Der Friedenspfad ist mit Steinen gekennzeichnet, die das Ginkgoblatt zeigen (der Ginkgo soll die erste Pflanze gewesen sein, die in Hiroshima nach dem Abwurf der Atombombe wieder wuchs). Er führt an diversen Gräberfeldern und Gedenkstätten vorbei, die an die Opfer von Krieg und Gewaltherrschaft erinnern, zum Beispiel an den sowjetischen, ukrainischen, polnischen und französischen Ehrenmalen, der Gemeinschaftsanlage für ausländische Arbeiter, dem durch seine formale Reduktion auffallenden Rieseberg-Denkmal, der Grabstelle von August Merges, des Präsidenten der Sozialistischen Republik Braunschweig, dem anonymen Gräberfeld für die Opfer des Euthanasie-Programms, dem Kriegsgefangenendenkmal und dem Holocaust-Mahnmal.

Der Friedenspfad endet an den Kriegsgräberstätten der deutschen Gefallenen des Ersten und Zweiten Weltkriegs. Während die anderen Denkmäler zumeist bewusst so angelegt wurden, dass sie auf die Brutalität und Monstrosität von Kriegen hinweisen, wurde für die Gräber der deutschen Gefallenen eine andere Formensprache gewählt. Sie sind äußerst schlicht gehalten und beeindrucken vor allen Dingen durch ihre schiere Masse. Nur durch ihre Namen, ihren Rang und das Geburts- und Todesdatum werden die toten Soldaten voneinander unterschieden. Die Grabmale dienen ihnen nunmehr als Uniform – die sie noch lange tragen werden, da für Kriegsgräber ein immerwährendes Ruherecht gilt.

Adresse Friedenskapelle, Helmstedter Straße 54, 38126 Braunschweig, www.gedenkstaette-friedenskapelle.de | **ÖPNV** Straßenbahn 4, Haltestelle Helmstedter Straße | **Öffnungszeiten** Di 10–12 Uhr, Do 15–18 Uhr | **Tipp** Auf dem Hauptfriedhof finden Sie die Gedenkstätte für Werner Graf von der Schulenburg, einer der Attentäter vom 20. Juli 1944.

18 Die Gedenkstätte Schillstraße

Mitten in Braunschweig

Gedenkstätten für die Opfer des Nationalsozialismus gibt es viele, auch in Braunschweig. Die kleinsten sind die sogenannten Stolpersteine, die an einzelne Personen und deren damalige Wohnhäuser erinnern. Die am interessantesten gestaltete Gedenkstätte ist wahrscheinlich jene für das KZ-Außenlager Schillstraße, die seit Mai 2000 im ehemaligen Invalidenhäuschen untergebracht ist. Es handelt sich dabei um ein sogenanntes »Offenes Archiv« mit Dokumenten, Erlebnisberichten und Forschungsbeiträgen verschiedener Braunschweiger Bürger und Organisationen. Erinnert wird damit an das Außenlager des Konzentrationslagers Neuengamme, in dem Zwangsarbeiter untergebracht waren, die für die Braunschweiger Büssing-NAG-Werke arbeiteten – und zwar unter unvorstellbaren Bedingungen, die zu einer extrem hohen Sterberate unter den Häftlingen führten. Gegen Ende des Krieges wurden die Häftlinge in andere Konzentrationslager verschleppt; ihre Stelle nahmen nun Kriegsgefangene ein.

In direkter Nachbarschaft befindet sich das Schill-Denkmal, das an den preußischen Offizier Ferdinand von Schill und dessen Freikorps erinnert, mit dem er in den sogenannten Befreiungskriegen kämpfte. Seit den 1950er Jahren fanden an dieser Stelle die offiziellen Feiern zum Volkstrauertag statt. Unfassbarerweise wurde bei diesen nicht auf das KZ-Außenlager eingegangen, weshalb 1994 und 1995 antifaschistische Gruppen zeitgleich Kranzniederlegungen für die Opfer des Lagers durchführten, bei denen es sogar zu Polizeieinsätzen kam. 1996 wurde endlich beschlossen, an dieser Stelle eine Gedenkstätte zu errichten, während die Feiern zum Volkstrauertag auf den Hauptfriedhof verlegt wurden.

Wer diese Gedenkstätte besucht, sollte sich unbedingt Zeit nehmen, in den Schubladen des Offenen Archivs zu stöbern.

Adresse Schillstraße 25, 38102 Braunschweig, www.schillstrasse.de | **ÖPNV** Bus M 19, M 29, 411, 436, 451, Haltestelle BraWo-Park | **Öffnungszeiten** Di und Do 14–17 Uhr, Mi 16–19 Uhr, jeden 1. Sa im Monat 14–17 Uhr | **Tipp** An der Westseite der Magnikirche erinnert eine Gedenktafel an das Deserteursdenkmal, das am Neujahrsmorgen 1995 gestohlen wurde.

19 Das Gerstäcker-Museum

Wo Karl May abgeschrieben hat

Friedrich Gerstäcker (1816–1872) muss man eine echte Berühmtheit nennen – immerhin ist der Schriftsteller zum Ehrenbürger von Arkansas ernannt worden. Der spätere amerikanische Präsident Bill Clinton bestimmte seinen Geburtstag gar zum »Gerstäcker Day«. Und in Braunschweig? Wie erinnert man da an den großen Abenteuerschriftsteller? Durch ein unscheinbares, ja fast vernachlässigt wirkendes Museum, das in einem Nebengebäude des Schloss Richmond untergebracht ist. Das ist eigentlich nicht ganz fair – und schon darum ist es Pflicht, diese kleine feine Erinnerungsstätte zu besuchen, in der sämtliche Erstausgaben seiner Bücher zu finden sind, die im 19. Jahrhundert durchaus viel gelesen wurden.

Vor allem die »Flusspiraten am Mississippi« und die »Regulatoren in Arkansas« waren große Erfolge und haben das Amerika-Bild der Deutschen geprägt, auch weil Gerstäcker viele Epigonen nach sich zog. Einer von ihnen sollte sein Vorbild dann auch bei Weitem übertreffen. Karl May war es, der sich großzügig bei dem Kollegen bediente und sich Motive, Sujets und Figurenzeichnungen lieh. Und niemals zurückgab.

In Hamburg als Sohn eines Opernsängers und einer Opernsängerin geboren, brach Gerstäcker nach dem Schulbesuch in Braunschweig zwei Ausbildungen ab und nach Amerika auf, wo er sich sechs Jahre lang unter anderem als Heizer, Matrose, Jäger, Farmer, Koch, Silberschmied, Holzfäller und Gastronom durchschlug. Diese Erfahrungen flossen in das Werk des Robinson Crusoe- und Lederstrumpf-Fans ein, das er gleich nach seiner Rückkehr zu schreiben begann. Und das es ihm schon bald ermöglichte, als freier Schriftsteller zu leben – was damals noch schwieriger als heute war. Es folgten Reisen nach Süd- und Nordamerika, nach Australien und Ozeanien und nach Ägypten. Schade, dass er seine Eindrücke kaum noch verarbeiten konnte – nur 56-jährig starb er an einem Hirnschlag.

Adresse Wolfenbütteler Straße 56, 38124 Braunschweig, www.gerstaecker-museum.de | **ÖPNV** Straßenbahnlinien M 1 und M 2, Bus 420, Haltestelle Richmondweg | **Öffnungszeiten** Mo–Fr 15–18 Uhr, So 10–13 Uhr | **Tipp** Ein Überbleibsel des alten Melverode – einem nahe gelegenen Ortsteil – finden Sie in der Schulgasse 5: die aus dem 13. Jahrhundert stammende Nicolaikirche.

20 Das Grabmalmuseum

Ungewöhnliche Ausstellung

Braunschweig hat zwei Dinge im Überfluss: Friedhöfe und Parkanlagen. Oft sind sie kaum voneinander zu unterscheiden. Der Hauptfriedhof an der Helmstedter Straße ist sogar ein Rekordhalter. Es handelt sich dabei nämlich um den größten kirchlichen Friedhof Deutschlands (dem auch der städtische Friedhof und die Begräbnisstätten anderer Religionsgemeinschaften angeschlossen sind). Nun hat dieser nicht ganz so viele Attraktionen zu bieten wie beispielsweise der Pariser Friedhof Père Lachaise, auf dem sich Oscar Wilde und Jim Morrison ein Stelldichein geben, doch hat er mit Wilhelm Raabe (Schriftsteller), Heinrich Büssing (Busbauer) und Constantin Uhde (Architekt) durchaus die Ruheplätze einiger lokaler Prominenter vorzuweisen.

Wer diese Stadt wirklich kennenlernen will, sollte dem Braunschweiger Hauptfriedhof auf jeden Fall einen Besuch abstatten, zum Beispiel im Rahmen einer Führung oder anhand des von der Friedhofsverwaltung vorgeschlagenen Rundgangs. Am Eingang des Friedhofs erhält man alle nötigen Informationen.

Wenn man diesem Weg folgt, kommt man nicht nur an der prächtigen Kapelle und dem Mausoleum vorbei, sondern wird auch zu einigen besonders schönen Grabmälern geführt: zum Beispiel zum Grab Becker/Semrau mit dem knienden Thanatos oder zum Grab des Braunschweiger Domkantors und Komponisten Helmut Kruse, der viel Nachwuchsarbeit betrieben hat, weshalb dort eine wirklich wunderschöne Skulptur singender Kinder zu sehen ist. Und nicht zuletzt kommt man zum Grabmalmuseum, wo einige besonders typische oder eben außergewöhnliche Grabdenkmäler aus verschiedenen Zeiten zu betrachten sind. Das Grabmal Hinze trägt zum Beispiel ein Relief von Arnold Krämer, dem Schöpfer des Eulenspiegel-Brunnens. Gleich neben der kleinen Ausstellung ist ein Teich angelegt, der dazu einlädt, noch ein wenig an dieser Stelle zu verweilen.

Adresse Helmstedter Straße 38, 38126 Braunschweig, www.probstei-braunschweig.de | ÖPNV Straßenbahn 4, Haltestelle Hauptfriedhof | Öffnungszeiten täglich Nov.–15. Feb. 7–17 Uhr, 16. Feb.–März und Okt. 7–18 Uhr, April–Sept. 7–20 Uhr | Tipp Zurück zu den Lebenden: In der Helmstedter Straße 37a ist mit dem Elvan Braunschweigs urigste Eintracht-Kneipe ansässig (www.restaurant-elvan.de).

21 Das Greifhaus

Immer an der Wand lang

»Es wird so viel Unsinn geschrieben über das Bouldern«, so der Besitzer des Greifhauses. Also schnell mal recherchieren: Was genau ist eigentlich Bouldern? Kurz gesagt handelt es sich dabei um eine Variante des Sportklettern an Felsblöcken (Englisch: Boulder), an Felswänden oder an künstlichen Wänden – so wie hier im Greifhaus. Und zwar ohne Seil und Gurt, aber in Absprunghöhe. Ein wichtiger Unterschied zum klassischen Klettern besteht darin, dass nicht zwangsläufig drei der vier menschlichen Gliedmaßen am Fels sein müssen (dürfen aber schon), sondern dass der Schwung der letzten Bewegung schon intuitiv für die nächste genutzt werden kann: ein sogenannter »flow«.

Das hört sich doch schon mal ganz interessant an, oder? Aber vielleicht auch nicht ganz einfach. Damit man sich nicht gleich übernimmt, gibt es – hier im Greifhaus – farblich gekennzeichnete Routen mit unterschiedlichen Schwierigkeitsgraden. Neben einfachen Strecken, die »nur« senkrecht oder an der Wand lang führen, gibt es solche mit mehr oder weniger stark überhängenden Wänden, die jedoch unter Umständen – je nach Sportlichkeit – schon von Anfängern überwunden werden können. Und darum geht es vielleicht auch beim Bouldern: seine eigene Leistungsfähigkeit einschätzen und steigern lernen. Man muss vielleicht nicht der Beste sein – aber man kann immer besser werden.

Kinder können im Greifhaus an einem 90-minütigen Bespaßungsevent teilnehmen, aber es werden auch Lehrgänge für Erwachsene angeboten. Oder man klettert einfach drauflos. Die Atmosphäre ist hier auf jeden Fall sehr angenehm und locker. Das Team ist jung, die Hintergrundmusik cool. Man sollte es einfach mal selbst ausprobieren – ob nun mit oder ohne Anleitung.

Und im nächsten Sommerurlaub geht es dann in die Boulderhochburgen in der Schweiz, im Zillertal oder in Franken. Oder man probiert sich im Harz aus ...

Adresse Hamburger Straße 268, 38114 Braunschweig, www.greifhaus.de | ÖPNV Straßenbahn M 1, 2, Haltestelle Ludwigstraße | Öffnungszeiten Mo – Fr 14 – 23 Uhr, Sa und So 11 – 21 Uhr | Tipp Bowling statt Bouldern gibt es im »Strike 24« in der Hamburger Straße 50 (www.strike24.com).

22 Die Hall of Fame

Das Graffiti-Atelier

Was es dort nicht alles zu sehen gibt! Ein metallicgraues zähnefletschendes Monster! Ein schädeldeckenloser Kopf mit Gasmaske! Ein Frauengesicht, das halb von einer wilden pinken Mähne bedeckt wird! Ein hellblaues hasenähnliches Tier, das von einem fliegenden Ei umschwirrt wird! Ein Auge mit einer irritierend bunten, psychedelischen Iris! Ein Nasenmännchen im Kapuzenpulli! Eine blutige Fratze mit schiefen Zähnen! Eine beängstigend schöne graue Frau. Ein grinsender Hund mit Brille (wenn es denn ein Hund ist). Ein …

Die Markthalle ist beides: Atelier und Galerie. Auch wenn es nicht offiziell erlaubt ist, wird das Sprayen von Graffiti hier immerhin geduldet. Der Ort ist dafür perfekt geeignet: Von der ehemaligen Markthalle sind nur die Außenwände erhalten geblieben. Diese grenzen das Areal nicht nur ab, sondern bilden auch die steinerne Leinwand für die jungen Künstler. Die Zeiten, in denen im Zusammenhang mit Graffiti von Schmierereien die Rede war, sind zum Glück vorbei. Selbst der etablierte Kunstbetrieb kommt inzwischen nicht mehr umhin, Graffiti als eine eigene Kunstgattung zu akzeptieren – die übrigens sehr ausgefeilt und ausdifferenziert ist. Und weit zurückreicht: Manche wollen ihre Ursprünge im Alten Ägypten sehen, in den privaten Kritzeleien auf Felsen und Statuen. Man muss sich dieser Meinung aber nicht unbedingt anschließen, denn tatsächlich ist es ja so, dass sich von damals bis heute keine ununterbrochene Linie findet. Vielmehr wurde Graffiti eigentlich mehrmals erfunden: von amerikanischen Gangs in den 1930er Jahren, von politischen Aktivisten in den 50ern und von Fußballfans in den 60ern. Ende der 60er tauchten in New York die direkten Vorläufer unserer heutigen Graffiti auf.

Der Vorteil der Hall of Fame ist, dass es immer wieder neue Werke zu sehen gibt. Der Nachteil: die alten werden übersprüht. Es lohnt sich also, immer wieder zu kommen!

Adresse Großer Hof, 38100 Braunschweig-Innenstadt | **ÖPNV** Straßenbahn M1, M3, 2, 4, Haltestelle Hagenmarkt | **Öffnungszeiten** immer zugänglich | **Tipp** Die brandneue Jugendherberge in der Wendenstraße/am Geiershagen könnte kaum zentraler liegen (und quasi in Sichtweite der Markthalle), bietet also Jugendlichen und Junggebliebenen alle Möglichkeiten, sich bequem in das Braunschweiger (Nacht-)Leben zu stürzen.

23 Der Handelsweg

Braunschweigs schönste Gasse

Wo schlägt das Herz Braunschweigs? Im Handelsweg natürlich, ganz in der Nähe des Altstadtmarktes. Dabei handelt es sich um Braunschweigs älteste, 1872 entstandene Einkaufspassage, die bis 1928 Sedanbazar hieß. Kein schöner Name, wenn man bedenkt, dass er sich auf die Schlacht bei Sedan im Deutsch-Französischen Krieg bezieht. Im Handelsweg findet man all das, was eine Stadt braucht. Der Eingang von der Ostseite, der Gördelinger Straße, wird durch das Boulevardtheater Komödie am Altstadtmarkt und das alteingesessene Möbelhaus Sander markiert. Dahinter finden sich gemütliche Bierkneipen, ein hippes Musikcafé mit angeschlossenem Plattenladen, ein winziges Antiquariat, ein Comic- und Spieleladen, (Secondhand-)Klamottengeschäfte, eine kleine Galerie …

Wenn man also stundenlang durch die Innenstadt oder die Schlossarkaden gelaufen ist, immer auf der Suche nach dem besten Schnäppchen, und sich eigentlich endlich gerne mal hinsetzen und entspannen würde, ist man hier genau richtig. Der Handelsweg ist eine Oase inmitten der innerstädtischen Hektik, ein Ort der Ruhe und Stille.

Meistens zumindest, denn am schönsten ist es im Handelsweg, wenn sich das Publikum mischt, also die Besucher der Vernissage im EinRaum auf die Gäste in der Strohpinte gegenüber treffen, die sich mit jungen Veganern aus dem Café Riptide unterhalten, die mit den Graphic-Novel-Fans aus dem Comic Culture diskutieren, welche anschließend noch in einem Lädchen Kunsthandwerk aus heimischer Produktion erstehen. Fast würde man sich wünschen, dass der Handelsweg noch größer wäre, aber er ist es leider nicht. Es ist nur zu hoffen, dass die mittelalterlichen Tweten der Stadt weiter umgebaut werden, sodass das winzige Vergnügungs- und Einkaufsviertel ein noch besseres Umfeld bekommt. Denn nirgendwo ist Braunschweig braunschweigischer als hier: modern und traditionsbewusst.

Adresse Handelsweg, 38100 Braunschweig-Innenstadt | ÖPNV Bus 411, 413, 416, 418, 422, 443, 450, 480, 560, Haltestelle Altstadtmarkt | Tipp Gleich um die Ecke, in der Kaffeetwete 4a, hat Braunschweigs unabhängiges Theater, das LOT, seine Spielstätte (www.lot-theater.de).

24 Das Happy Rizzi House

Wo Kinder aufjauchzen

Das Happy Rizzi House war nicht unumstritten, als es 2001 auf Anregung eines Braunschweiger Galeristen gebaut wurde. Es würde nicht nach Braunschweig passen, hieß es, und schon gar nicht an diese Stelle, mitten ins pittoreske Magniviertel. Auch die ästhetischen Qualitäten des Gebäudes stießen nicht sofort auf ungetrübte Gegenliebe, denn man darf den Stil James Rizzis durchaus als kitschig bezeichnen, ohne dem New Yorker Künstler völlig unrecht zu tun.

Heute hat sich die Aufregung etwas gelegt, denn immerhin ist das Haus in der Innenstadt ein auch überregional (um nicht zu sagen: international) bekannter Blickfang. Natürlich war es gewagt, neben das wabenartige Gebäude, das in Braunschweig oft noch »Horten« genannt wird, obwohl dort schon vor längerer Zeit Galeria Kaufhof eingezogen ist, einen weiteren Bau zu setzen, der nicht unbedingt mit den anderen umliegenden Häusern am Ackerhof harmoniert, zudem auch die Schloss-Replik gegenüber nicht jedermanns Geschmack ist.

Aber immerhin hat Braunschweig mit dem Happy Rizzi House einen echten Coup gelandet. Rizzi ist ja durchaus eine Größe in der populären Kunst. Er hat unter anderem schon Autos (drei Beetles für VW), ein Flugzeug, eine Lokomotive und eine Straßenbahn gestaltet. Warum dann nicht auch ein Haus? Das zudem – das muss man zugeben – echte Fans hat. Rizzis naiv anmutende bunte Bilder kommen nun mal gut an. Und wer einmal erlebt hat, wie Kinder, die zum ersten Mal das Haus sehen, vor Begeisterung aufjauchzen, weiß, dass es wirklich Qualitäten hat. Erwachsene sind nämlich immer schon vorbelastet durch anerzogene oder sonst wie erworbene ästhetische Vorstellungen – nur kleine Kinder reagieren unvoreingenommen. Und für genau diese hat Rizzi wohl das Haus, das derzeit von der Zentrale der in Braunschweig ansässigen Bekleidungsfirma New Yorker benutzt wird, entworfen.

Adresse Ackerhof 4, 38100 Braunschweig-Innenstadt, www.rizzi-haus.de | ÖPNV Straßenbahn M1, M3, 2, Haltestelle Schloss; Straßenbahn 4, Haltestelle Georg-Eckert-Straße | Tipp Eines der populärsten Denkmäler in Braunschweig: das Fischmännchen in der Schlosspassage gegenüber, der Verbindung zwischen Bohlweg und Münzstraße. Es ist so beliebt, dass es schon zweimal gestohlen wurde.

25 Das Haus der Kulturen

Wo man sich verstehen lernt

Das Braunschweiger Land war schon immer auch ein Einwanderungsland. Cherusker und Angrivarier siedelten hier, später die Sachsen und Franken. Noch später kamen Juden dazu und im 19. Jahrhundert Landarbeiter aus Polen und Russland. Die größte Einwanderungswelle gab es nach dem Zweiten Weltkrieg, als es Niedersachsen schaffte, eine gigantische Menge an Flüchtlingen aus den ehemaligen deutschen Ostgebieten aufzunehmen. Doch damit nicht genug: Das »Wirtschaftswunder« der 1950er Jahre führte dazu, dass es einen Mangel an Arbeitskräften in Deutschland gab, weswegen begonnen wurde, systematisch Menschen aus dem Ausland, vor allem aus der Türkei, anzuwerben. Nur diesen ist es zu verdanken, dass Millionen Käfer vom Band rollen konnten. Ging man anfangs noch davon aus, dass die »Gastarbeiter« das Land nach wenigen Jahren wieder verlassen würden, stellte man bald fest, dass das Gegenteil der Fall war. Viele lebten sich hier ein, wurden heimisch und holten ihre Familie nach.

Doch auch die hiesigen Hochschulen tragen das Ihrige dazu bei, diese Stadt zu einer internationalen Metropole zu machen. Ja, was wäre das Braunschweiger Geistesleben ohne die Studenten, Dozenten und Professoren aus dem Ausland? Und was wäre die Braunschweiger Gastronomie ohne ihre Bereicherung durch Türken, Italiener, Chinesen, Inder und Japaner?

Seit 2013 gibt es im ehemaligen Nordbahnhof das Haus der Kulturen, in dem sich Menschen »mit Migrationshintergrund« kennenlernen und ihre Kultur, die sie aus ihren Heimatländern mitgebracht haben, pflegen können. Ob englischer Literaturkreis, indischer Kochkurs, finnischer Kulturbrunch, russische Vorlesestunde, ghanaische Kunstausstellung oder deutscher Sprachkurs – das Angebot ist vielfältig und wird durch das Kulturcafé mit einem ständig wechselnden Speiseplan ergänzt. Und gibt es etwas Symbolträchtigeres als einen Bahnhof für so ein Projekt?

Adresse Am Nordbahnhof 1, 38106 Braunschweig, www.hdk-bs.de | **ÖPNV** Bus M 19, M 29, 433, Haltestelle Pockelsstraße | **Öffnungszeiten** KulturCafé Di – Fr 11 – 19 Uhr | **Tipp** Der kleine jüdische Friedhof in der Hamburger Straße um die Ecke erinnert an die große Tradition jüdischen Lebens in Braunschweig.

26 Der Heidbergsee

Das Badeparadies

Der Heidberg gilt nicht unbedingt als Braunschweigs schönster Stadtteil. Dabei liegt Schönheit doch immer im Auge des Betrachters! Und wenn man genau hinguckt, wird man auch hier den ein oder anderen Ort finden, den man unbedingt gesehen haben muss: den Heidbergsee zum Beispiel. Vor 30 Jahren war dieser noch viel kleiner, und es war streng untersagt, in ihm zu baden. Doch mittlerweile ist die mit Grundwasser gefüllte Kiesgrube ausgebaut und seitdem zu Braunschweigs beliebtester Badewanne geworden.

Im Grunde genommen existieren im 15 Hektar großen Heidbergpark sogar zwei Seen, die durch einen relativ flachen, aber breiten Damm miteinander verbunden sind. Besonders im nördlichen See gibt es gefährliche Strudel und kalte Strömungen, sodass hier ein Badeverbot verhängt wurde. Doch auch im südlichen See ist das Baden auf eigene Gefahr, auch hier gibt es keine Badeaufsicht. Und nicht vergessen: der Heidbergsee ist durchschnittlich (!) 20,4 Meter tief!

Die zahllosen Gäste – hauptsächlich junge Familien und Jugendliche – stört das nicht weiter. Insbesondere in den flachen Abschnitten drängen sich die Planscher mit ihren Luftmatratzen und Wasserbällen, während die kleinsten Badegäste (und ihre Eltern) mit dem professionellen Sandspielzeug immer neue Burgen ausheben. Die Sonnenanbeter aalen sich unterdessen am Sandstrand, und die Griller machen die begraste Liegefläche zu einer Partyzone, in der Sprachen aus aller Herren Länder zu hören sind. Ein ideales Terrain für Hobby-Soziologen also! Aber auch ein Ort, an dem man einfach ein bisschen Urlaubsfeeling genießen kann – mitten in der Großstadt (beziehungsweise an deren Rand). Und ab und zu kommt ein Eiswagen vorbei und vervollständigt den Eindruck, auf Sommerfrische an der Ostseeküste zu sein, irgendwo zwischen Kieler und Pommerscher Bucht. Der Heidbergsee – die kleine Auszeit zwischendurch.

Adresse Heidbergstieg, 38124 Braunschweig-Heidberg | **ÖPNV** Straßenbahn M1, Haltestelle Sachsendamm; Straßenbahn 2, Haltestelle Erfurtplatz; Bus 442, Haltestelle Jägersruh | **Tipp** Der Heidberg ist ein noch junger Stadtteil. Die katholische Kirche St. Bernward in der Stettinstraße ist daher – für Kirchenverhältnisse – auch noch relativ neu. Altar, Taufbecken und Kruzifix wurden von dem Braunschweiger Bildhauer Jürgen Weber entworfen (www.st-bernward-braunschweig.de).

27 Die Jakob-Kemenate

Das Bibel-Asyl

Die Jakob-Kemenate, benannt nach der ehemaligen Jakob-Kirche, ist uralt. Sie ist sogar eines der ältesten Bauwerke der Stadt und wahrscheinlich schon um 1250 entstanden. Die steinernen Kemenaten dienten damals als Rückzugsorte bei Feuer und Angriffen und wurden ansonsten als Wohn- und Speicherräume genutzt. 1765 wurde auf demselben Grundstück die »Herzogliche Leihhausanstalt« eröffnet, aus der die heutige Norddeutsche Landesbank hervorging.

Leider wurde die Jakob-Kemenate im Zweiten Weltkrieg ein Opfer der Bombenangriffe; die Ruine trotzte zwar noch einige Jahrzehnte mit einem Notdach versehen der Witterung, aber irgendwann musste doch eine langfristige Lösung her. Die in den 60er Jahren beseitigten Teile des Vorderhauses wurden daher durch eine genagelte Fassade aus wetterfestem Stahl ersetzt, was auch als Anspielung auf die mittelalterlichen Kirchentore verstanden werden kann, die zu Schutzzwecken mit Eisenplatten verstärkt wurden. Andererseits – und das ist viel wichtiger – sieht die Kemenate mit dieser Mischung aus Mittel- und Industriezeitalter wieder verdammt jung und hip aus! Sie gilt daher heute als einer der schönsten Veranstaltungsorte der Stadt. Die Dauerausstellung präsentiert Werke, die sich mit Jesus' letztem Abendmahl beschäftigen, darunter ein Bild von Alexander Calvelli, das an die Rettung von elf Bergleuten beim Grubenunglück von Lengede 1963 erinnert.

Und wenn man die wirklich sehr steile Treppe hinaufklettert, findet man ein Refugium der ganz besonderen Art. Eines für Bücher nämlich. Beziehungsweise für ein einziges: die Bibel. Die dafür aber gleich in unzähligen Varianten vorliegt, denn hier in der Jakob-Kemenate werden Haus- und Familienbibeln gesammelt (ergänzt durch Gesangs- und Andachtsbücher) und der Öffentlichkeit zur Verfügung gestellt, wodurch eine der ungewöhnlichsten Leseecken der Stadt entstanden ist.

Adresse Eiermarkt 1a, 38100 Braunschweig-Innenstadt, www.jakobkemenate.de | ÖPNV Bus 411, 413, 416, 418, 422, 443, 450, 480, 560, Haltestelle Altstadtmarkt | Öffnungszeiten Mo–Sa 10–18 Uhr, So 12–18 Uhr | Tipp Der vor einigen Jahren rekonstruierte Michaelishof in der Güldenstraße 8 ist das schönste Studentenwohnheim der Stadt, mit einem urgemütlichen Innenhof und gelegentlichem Schankbetrieb im Gewölbekeller und liegt nur fünf Minuten Fußweg entfernt.

28 Das Katzenmuseum

Tiere zum Angucken, Pflanzen zum Essen

Als das Katzenmuseum 2012 eröffnet wurde, trat eine Sängerin auf, die im wahrsten Sinne »Katzenmusik« machte. Soll heißen: Sie variierte Miau-Töne und ließ sich dazu am Klavier begleiten. Das macht vielleicht schon deutlich, dass sich die Kuratoren dieser Dauerausstellung nicht allzu ernst nehmen, auch wenn man ihnen eine gewisse Akribie nicht absprechen kann. 3.000 Exponate von allen fünf Kontinenten zum Thema Hauskatze (Felis silvestris f. catus) wurden über einen Zeitraum von 40 Jahren zusammengetragen und erlauben einen umfassenden Blick auf unser liebstes Haustier … Es gibt Bilder, Taschen und Tassen mit schlafenden, fauchenden und grinsenden Katzen, deren Fellfarbe schwarz, weiß oder kunterbunt ist. Zwischen Kitsch und Witz ist da alles zu finden.

Eigentlich handelt es sich bei Micky & Molly aber natürlich gar nicht um ein echtes Museum, sondern um einen gastronomischen Betrieb mit einem originellen Interieur. Das Besondere an dem Café wiederum ist, dass es hier alles, wirklich ALLES in vegan gibt. Das umfasst nicht nur Kuchen und Kekse, sondern sogar die Sahnetorten, die auch Oma nicht besser hingekriegt hätte. Dazu kommen noch ein Brunch (mit Veggiemett und Tofu-»Rührei«) und ein Mittagstisch, der ebenfalls keine Wünsche offenlässt. Noch nicht einmal die nach Currywurst und Döner.

Sogar die Anhänger gutbürgerlicher deutscher Küche kommen hier voll auf ihre Kosten, denn der Grünkohl wird mit Räuchertofu serviert, und die Königsberger Klopse sind kaum von »echten« zu unterscheiden. Aber auch (verhältnismäßig) Exotisches (Thai-Curry mit Gemüse, Tofu und Reis) und Ausgefallenes (Pflaumen-Spinat-Suppe und Lakritz-Torte) gibt es hier. Das alles im Namen einer guten Sache, denn Micky & Molly hat es sich zur Aufgabe gemacht, für den Veganismus Werbung zu machen, indem man die Menschen einfach durch hervorragendes Essen von der guten Sache überzeugt.

Adresse Altewiekring 20a, 38102 Braunschweig, www.mickyundmolly.de | ÖPNV Bus M 19, M 29, 411, 413, 436, Haltestelle Kastanienallee; Bus 230, 416, 418, 422, 443, Haltestelle Jasperallee | Öffnungszeiten Mi, Do und So 10–18 Uhr, Fr und Sa 12–18 Uhr | Tipp Im selben Haus finden Sie den Supermarkt beziehungsweise Tante-Emma-Laden Planet Vegan.

29 Die KaufBar

Das öffentlichste Wohnzimmer der Stadt

Ob englischsprachiger Stammtisch, französischer Kulturnachmittag, rumänischer Liederabend oder eine Didgeridoo-Session – die KaufBar ist multikulturell. Und sie ist für alle da. Das schließt die Freunde irischer Folk-Musik genauso ein wie (Hobby-)Philosophen, Utopisten, Polyamouröse oder Menschen, die an Multipler Sklerose erkrankt sind und einen Raum suchen, an dem sie sich austauschen können.

Diese Mischung ist toll, denn in die KaufBar darf jeder kommen, egal welches Handicap er hat oder welchen Spleen er pflegt. Oder wie alt er ist, denn bei der donnerstäglichen KreativBar werden auch die Kleinsten bespaßt. Und die Allerkleinsten sind sowieso da, denn gleich nebenan ist eine Hebammenpraxis, deren Besucherinnen und Besucher gerne mal nach der Babymassage-Krabbel-Gruppe auf einen Milchkaffee und einen Möhrenbrei vorbeikommen.

Die KaufBar, getragen vom Deutschen Roten Kreuz, ist einmalig in der Region, denn sie bietet Sozialberatungen und Kulturveranstaltungen: neben den Eigenkompositionsabenden und der Offenen Bühne ist besonders die Lesebühne »Kopf & Kragen« sehr empfehlenswert. Und es besteht die Möglichkeit, Kleidung und Bücher aus zweiter Hand zu erwerben. Fast alles, was man hier sieht, kann man auch kaufen. Sei es der Tisch, an dem man sitzt, die Tasse, aus der man trinkt, oder der Teller, von dem man isst. Überhaupt das Essen! Hier gibt es jeden Wochentag nicht immer alltägliches, aber auf jeden Fall allerleckerstes vegetarisches und veganes Essen, zum Beispiel Pasta mit Möhren-Oliven-Pesto oder eine Apfel-Lauch-Paprika-Suppe mit hausgemachtem Dinkel-Tomaten-Brot.

Kurz und gut: Die KaufBar ist ein gemütliches Wohnzimmer genauso wie ein Veranstaltungsraum und ein Second-Hand-Laden – und wirkt dabei niemals überprofessionell, sondern bewahrt sich immer auch eine gewisse Do-it-yourself-Atmosphäre, die ihren ganz besonderen Charme hat.

Adresse Helmstedter Straße 135, 38102 Braunschweig, www.drk-sprungbrett.de | **ÖPNV** Straßenbahn 4, Bus 422, 452, Haltestelle Marienstift; Bus M 19, M 29, 411, 436, Haltestelle Leonhardplatz (Stadthalle) | **Öffnungszeiten** Mo–Fr 11–20 Uhr, open end bei Veranstaltungen | **Tipp** Auch im Tantuni schräg gegenüber in der Helmstedter Straße 29 gibt es leckeres Essen – in diesem Falle kurdisches.

30 Die Kemenate Hagenbrücke

Das Guggenheimchen

Die Braunschweiger Innenstadt gleicht einem auseinandergerissenen Puzzle, dessen einzelne Teile in einer langwierigen Arbeit wieder zusammengesetzt werden müssen. Insbesondere von der mittelalterlichen Stadt ist nur wenig übrig geblieben. Bis zum Zweiten Weltkrieg gab es zum Beispiel noch über 100 Kemenaten und Kemenatenteile – die wenigen verbliebenen sind denkmalgeschützt und vermitteln heute einen schönen Eindruck davon, wie die Stadt dereinst aussah.

Einer dieser Steinbauten ist die Kemenate Hagenbrücke, die jahrzehntelang wie ein Mauerblümchen unbeachtet in der Innenstadt herumstand. Wahrgenommen wurde sie vor allen Dingen als ein Verkehrshindernis, das mit einem großen Schlenker mit dem Fahrrad umkurvt werden musste. Langfristig wäre der ehemalige Schutzbau vermutlich sogar verfallen und möglicherweise doch irgendwann abgerissen worden. Im Jahr 2015 wurde die Kemenate jedoch mit einem brandneuen Aufbau aus Corten-Stahl bestückt, der das über 750 Jahre alte Gemäuer ungewöhnlich modern aussehen lässt. Durch den gläsernen Rundgang erinnert das kleine Gebäudeensemble sogar ein kleines bisschen an das berühmte Guggenheim-Museum in New York. Und so wird auch in Braunschweig moderne Kunst ausgestellt, nämlich von Jürgen Weber (zum Beispiel das skandalumwitterte Relief »Das Liebespaar« und ein Modell der Portalplastiken »Krieg oder Frieden«, dessen Original in Washington steht) und dem Braunschweiger Maler Günter Affeldt, der nach Kriegsende in seinem Goslarer Atelier Landschaftsgemälde und Porträts schuf.

Doch die Kemenate bietet mit ihren Wechselausstellungen auch neueren Künstlern Raum, sich zu präsentieren. Mit ihrer aufregenden Architektur ist sie ein echter Blickfang und schon jetzt unverzichtbarer Teil des Braunschweiger Kulturlebens. Hoffentlich wird das Mauerblümchen nie wieder vergessen!

Adresse Hagenbrücke 5, 38100 Braunschweig-Innenstadt, www.jakobkemenate.de | **ÖPNV** Straßenbahn M 1, M 3, 2, 4, Haltestelle Hagenmarkt | **Öffnungszeiten** Mo–Sa 10–18 Uhr, So 12–18 Uhr | **Tipp** Noch ein schönes altes Haus ist die Alte Liberei (An der Andreaskirche 1) – eines der ersten öffentlichen Bibliotheksgebäude in Deutschland überhaupt.

31 Der Kirchturm

Rundblick von ganz oben

Um sich einen Überblick über ganz Braunschweig zu verschaffen, muss man sich einen möglichst hohen Ausguck suchen, klar. Doch wo findet man den? Genau: auf dem Südturm der im 13. Jahrhundert errichteten und immer wieder umgebauten St.-Andreas-Kirche. Der misst immerhin 94,7 Meter, was allerdings – verglichen mit anderen Kirchtürmen – nicht besonders hoch ist, bedenkt man, dass das Ulmer Münster, der Kölner Dom und die Basilika Notre-Dame in Paris jeweils um die 160 Meter messen. Aber für Braunschweiger Verhältnisse ist das doch ganz beachtlich, schließlich gibt es hier nur zwei Türme, die höher sind: der Schornstein des Heizkraftwerkes Mitte und der Fernmeldeturm in Broitzem.

Nun darf man sich nicht vorstellen, dass man einen bequemen Fahrstuhl für den long way to the top benutzt. Ganz im Gegenteil ist der Weg nach oben nicht wirklich einfach. Man könnte ihn sogar als abenteuerlich bezeichnen. Wer allzu fußlahm ist oder wessen Höhenangst zu ausgeprägt ist, dem sei vom Aufstieg unter Umständen abgeraten, denn die 389 Stufen (von denen einige Namensschilder von Spendern tragen, die zur Renovierung des Turmes beigetragen haben) führen über eine Treppe, die »steil« zu nennen eine Untertreibung ist. Doch wenn man sie dann erreicht hat, die Turmstube auf 72 Meter Höhe, ist der Stolz vielleicht umso größer. Denn von hier aus auf Braunschweig und Umgebung hinabzublicken (bei guten Wetterbedingungen kann man bis ins Weserbergland und in den Ostharz sehen), ist durchaus erhebend. Wer noch mutiger ist, geht übrigens wieder 15 Stufen runter und nimmt den Turmumgang.

Der Aufstieg kostet schlappe zwei Euro – für nur fünf Euro bekommt man sogar eine Jahreskarte. Diese sei allen Menschen mit Höhenangst ans Herz gelegt – sozusagen als Trainingsprogramm gegen die Akrophobie. Beim nächsten Mal fällt der Aufstieg schon viel leichter … ganz bestimmt!

Adresse An der Andreaskirche 1, 38100 Braunschweig-Innenstadt, www.standreas.de | **ÖPNV** Straßenbahn 4, Haltestelle Alte Waage | **Öffnungszeiten** Sa und So 15–17 Uhr | **Tipp** Die Alte Waage, eines der prächtigsten Fachwerkgebäude in Braunschweig in unmittelbarer Nachbarschaft zur St.-Andreas-Kirche, wurde im Zweiten Weltkrieg zerstört und erst Jahrzehnte später wieder aufgebaut. Seitdem wird sie von der Volkshochschule, Alte Waage 15, genutzt.

32 Die Klosterkirche

Kontemplation und Meditation

Kirchen – es ist verlockend, ein Buch mit dem Titel »111 Gotteshäuser« zu schreiben, da sich diese zumeist durch eine besonders schöne Atmosphäre auszeichnen. Und weil sie oft zu den ältesten Gebäuden eines Dorfes oder einer Stadt zählen. So verhält es sich auch mit der Klosterkirche in Riddagshausen.

Die Zisterzienser mit ihren strengen Ordensregeln waren es, die sich einst in den Sturkopf gesetzt hatten, ausgerechnet *hier* zu siedeln und das Sumpfgebiet zwischen Nußberg und Buchhorst in Wiesen und Felder zu verwandeln. 1145 wurde das Kloster gegründet, 1206 begannen die Mönche mit dem Bau der Klosterkirche, die 1275 geweiht wurde.

Doch was unterscheidet die Klosterkirche in Riddagshausen von anderen Kirchen? Was zeichnet sie aus? Ganz einfach: zum einen natürlich ihre Lage. Riddagshausen zählt zu den schönsten Vororten, die Braunschweig zu bieten hat. Hier vergisst man, dass man in einer Großstadt ist. Und hier weht der Geist der Geschichte. Besonders, wenn man sich in die Kirche selbst begibt, in der außerhalb von Veranstaltungen zumeist nur verhältnismäßig wenig Menschen anzutreffen sind. Ganz still wird man beim Eintreten und setzt sich vielleicht in die Nische am Rand, um eine Kerze zu entzünden und sich seinen Gedanken hinzugeben.

Anschließend empfiehlt es sich, den Klostergarten mit seinen fünf Themenbereichen (Garten gegen bösen Zauber, Garten der Liebe und des Eheglücks, Garten der Erinnerung, Garten der Gifte, Glücksgarten) zu besichtigen, um wieder frische Luft zu tanken. Oder an einer Führung durch den weitläufigen Gutspark teilzunehmen. Und natürlich dem Klostermuseum im Torhaus einen Besuch abzustatten, da man dort mehr über die (Wirtschafts-)Geschichte des Klosters in seinem kulturhistorischen und geistesgeschichtlichen Kontext erfahren kann. Wozu übrigens auch moderne Medien genutzt werden – man ist ja hier nicht von gestern.

Adresse Klostergang, 38104 Braunschweig-Riddagshausen, www.kirche-riddagshausen.de | **ÖPNV** Bus 418, Haltestelle Nehrkornweg | **Öffnungszeiten** Di–So 10–16 Uhr | **Tipp** Die Bauernhäuser in der Straße »Zwischen den Bächen« verstärken den Eindruck noch, dass Riddagshausen einer der schönsten Braunschweiger Stadtteile ist. Sie stammen aus dem ganzen Braunschweiger Land und wurden von 1968 bis 1980 hierher versetzt.

33 Der Kubus vor der HBK

Eine Erinnerung an die EXPO

Die Hochschule für Bildende Künste ist ein echter Gewinn für Braunschweig. Zum einen ist sie die einzige Kunsthochschule in Niedersachsen, zum anderen hat sie sich einiges Renommee erarbeitet mit ihrem interdisziplinären Ansatz, demzufolge Kunst, Design und Wissenschaft nicht einzeln behandelt werden, sondern sich ergänzen und überlagern.

Ein Gewinn ist die HBK für die Stadt aber auch deshalb, weil sie einen Haufen kreative Köpfe und Paradiesvögel hierherlockt, die mit ihrem seltsamen Treiben die Stadt bereichern. Und damit sind nicht nur die Studenten gemeint, sondern auch die Professoren: Walter Dahn (ein Vertreter der »Jungen Wilden«), HP Zimmer (ehemaliges Mitglied der legendären Gruppe SPUR und Gründer des »Instituts für Dämonologische Ästhetik«), Klaus Grözinger (eine echte Koryphäe in Sachen Plakatkunst), Lienhard von Monkiewitsch (»Es hat alles kein Oben und Unten, Sie können meine Bilder hängen, wie Sie wollen!«), Thomas Kapielski (Flötist beim Original Oberkreuzberger Nasenflötenorchester und passionierter »Ölschinken«-Maler) und Christoph Schlingensief (»Ich freue mich sehr darüber, Professor der HBK zu werden. Mein Vater wird von seinem Prostata-Arzt seither sehr zuvorkommend bedient.«) wären da zum Beispiel zu nennen.

Das Aushängeschild der HBK ist der Kubus am Johannes-Selenka-Platz, ein Überbleibsel der Weltausstellung in Hannover im Jahre 2000. In dem ehemaligen mexikanischen EXPO-Pavillon ist die Bücherei der Hochschule untergebracht. Der Platz selbst beziehungsweise seine Gestaltung ist umstritten, was einer Kunsthochschule durchaus angemessen ist. Einst befand sich hier eine Tankstelle, anschließend ein begrüntes Hundeklo. Zwischenzeitlich verschönte auch eine Installation aus rostenden Ölfässern den Platz, bis eine Steinwiese aus Geröll, Birken, Spitzahorn und Wildkräutern für mediterranes Flair sorgen sollte.

Adresse Johannes-Selenka-Platz 1, 38118 Braunschweig, www.hbk-bs.de | ÖPNV Bus M 19, M 29, 443, 461, Haltestelle Johannes-Selenka-Platz | Öffnungszeiten von außen immer, Bibliothek (während des Semesters) Mo–Fr 9–20 Uhr, Sa 10–13 Uhr | Tipp Eine der besten Speisegaststätten im westlichen Ringgebiet ist das Momo in der Cammannstraße 3: preiswert, lecker, vielfältig und gleich um die Ecke.

34 Das KULT

Braunschweigs kleinstes Theater

Der Theaterdirektor Thomas Hirche hat sich mit dem KULT einen Traum erfüllt. Den Traum vom eigenen Theater. Da ist es auch nicht schlimm, dass es das kleinste der Stadt ist. Ganz im Gegenteil wird hier aus der Not eine Tugend gemacht: Im KULT wird jeder Gast vom Chef persönlich begrüßt. Der erste Standort des noch jungen Kleinkunst- und Literaturtheaters befand sich übrigens an einem traditionsreichen Platz, nämlich am Hagenmarkt, wo einst – viele Jahrhunderte zuvor – Braunschweigs erstes Theaterhaus gebaut worden war.

Die Geschichte des KULT lässt sich durchaus als Erfolgsgeschichte erzählen. Thomas Hirche hatte nämlich eine Marktlücke entdeckt: Für Kleinkunst gab es vorher keine feste Spielstätte in Braunschweig. Und so zählen Schatten- und Improtheater-Vorstellungen sowie Auftritte von Pantomimen, Bauchrednern, Zauberern und Clowns zu den festen Programmpunkten. Hinzu kommt der Bereich Literatur mit seinen Wilhelm Busch- und Ernst Jandl-Abenden, mit Auftritten von Friedhelm Kändler und Thomas Ostwald sowie szenischen Lesungen wie Hardy Cruegers »Kaffee mit Lessing«. Die Künstlerliste des KULT liest sich wie ein Who is who der Hannoverschen und Braunschweigischen Kulturszene, und auch auswärtige Kulturschaffende machen hier inzwischen gerne Station. Doch damit nicht genug. Die Musik bildet ebenfalls einen wichtigen Bestandteil des KULT-Portfolios. Auch hier legt Hirche Wert auf Originelles, wie Klavierabende im Dunkeln (»Tasten in der Finsternis«) oder Konzerte an der Organetta, einem fast ausgestorbenen Musikinstrument, das liebevoll »Tischhupe« genannt wird.

Es gibt also viele Gründe, ins KULT zu gehen, dessen neueste Spielstätten (neben dem »großen Saal« gibt es noch das »Kleine Haus« für Papiertheater und Ähnliches) sich im Schimmelhof an der Hamburger Straße befinden – dort, wo einst der berühmte Klavierproduzent ansässig war.

Adresse Hamburger Straße 273, 38114 Braunschweig, www.daskult-theater.de | **ÖPNV** Straßenbahn M 1, 2, Haltestelle Ludwigstraße, im Schimmelhof Eingang C2 benutzen | **Tipp** Braunschweigs größtes Hallenbad (mit einer sehr schönen Saunalandschaft!) finden Sie hier gleich schräg gegenüber am Schützenplatz: die Wasserwelt (www.wasserwelt-bs.de).

35 Das Lessing-Denkmal

Versteckte Erinnerung

Gotthold Ephraim Lessing zählt zu den Klassikern der deutschen Literatur. Braunschweig darf also stolz darauf sein, dass am hiesigen Theater sein Drama »Emilia Galotti« uraufgeführt wurde. Auch wenn der Künstler sich weder diese noch eine andere Aufführung anschaute.

Überhaupt mied er die höhere Gesellschaft. »Bücklinge gemacht und das Maul bewegt«, schrieb er abfällig über seine Teilnahme an einem Neujahrsempfang. Diese Distanz wird man ihm sicherlich übel genommen haben. Der eigensinnige Dichter und Denker schaffte es also nicht, sich in die Herzen der Braunschweiger zu schreiben, auch wenn er sein Domizil in Wolfenbüttel des Öfteren verließ, um sich in der Nachbarstadt zu unterhalten. In Braunschweig, behauptet der Reiseschriftsteller Ludwig Hevesi, lebte er wochenlang nur für den »Verkehr mit den Freunden, ohne das Geringste zu arbeiten. Da wurde oft in Rennekendorfs berühmten Weinkeller eingekehrt, wo es guten Champagner gab, von dem man auf elf Flaschen die zwölfte umsonst bekam; schon aus Sparsamkeit durfte also nicht wenig getrunken werden ...«

Lessings Beerdigung 1781 war wohl spärlich besucht, und so geriet auch bald in Vergessenheit, wo er überhaupt lag. Erst der Braunschweiger Historiker Carl Schiller machte sich Jahrzehnte später auf die Suche, durchkämmte den Friedhof und legte das Grab 1833 wieder frei. Anschließend setzte er sich für ein Lessing-Denkmal ein, das allerdings erst 20 Jahre später enthüllt wurde. Zur Belohnung erhielt er ebenfalls ein schönes Grabmal, das – ganz in der Nähe des Meisters – auf dem Magnifriedhof zu finden ist.

Für das Lessing-Denkmal fand man übrigens einen wirklich idyllischen Standort, über den damals in der Zeitung Folgendes zu lesen war: »Ein abgelegener Winkel, sodass man das Denkmal künftig nicht eher zu sehen bekommen wird, als bis man dicht davor steht.« Viel Spaß bei der Suche!

Adresse Lessingplatz, 38100 Braunschweig-Innenstadt | ÖPNV Straßenbahn M 1, M 5, 2, Bus M 19, M 29, 420, 461, 601, 602, 603, 620, 631, 730, Haltestelle John-F.-Kennedy-Platz | Tipp Nur ein paar Schritte weiter, und Sie finden in der Straße Hinter Ägidien das Jüdische Museum (www.juedisches-museum-braunschweig.de), wo auch anschaulich dargestellt wird, wie es die Braunschweiger mit der von Lessing geforderten Toleranz gehalten haben.

36 Der Lokpark

Hier sind Sie am Zug!

Braunschweig hat eine lange Eisenbahntradition. Die Strecke Braunschweig-Wolfenbüttel war die erste in ganz Deutschland, die vom Staat bewirtschaftet wurde. 1838 wurde sie in Betrieb genommen und 1841 über Schladen und Vienenburg nach Bad Harzburg (das damals Neustadt hieß) verlängert. Im Zuge des Netzausbaus war Braunschweig auch bald mit Hannover, Magdeburg, Berlin, Kassel und Frankfurt verbunden. Und damit mit der ganzen Welt. Man kann sich heute wahrscheinlich gar nicht mehr so recht vorstellen, was das für die Menschen damals bedeutete. Dauerten Reisen in andere Städte vorher Tage und Wochen, konnte dieselbe Entfernung nunmehr innerhalb von wenigen Stunden zurückgelegt werden. Ein unglaublicher Fortschritt!

Der Bahnhof, hinter dessen spätklassizistischer Fassade heute ein Verwaltungsgebäude der Braunschweigischen Landessparkasse untergebracht ist, befand sich damals noch in der Braunschweiger Innenstadt. Und in der Borsigstraße bestand von 1927 bis 1977 eines der größten Dampflok-Ausbesserungswerke in ganz Deutschland – das 1977, als es geschlossen wurde, auch das letzte war. Zum Glück steht es seit 1991 unter Denkmalschutz und ist daher noch fast im Originalzustand erhalten.

Die Braunschweiger Eisenbahnfreunde freut das, denn sie haben sich auf dem Gelände ein Paradies geschaffen, auf dem Dampf- und Diesellokomotiven, Draisinen, ein Schienenfahrrad sowie Trieb-, Pack-, Güter- und Personenwagen ausgestellt sind. Darunter befinden sich echte Schmuckstücke wie der VT08, mit dem die Fußballweltmeister von 1954 nach Deutschland zurückgekehrt sind. Dazu kommen ein Wolters-Barwagen (Kult!) und ein Café-Wagen mit Biergarten sowie zwei Modelleisenbahnen in verschiedenen Größen und eine 5-Zoll-Parkeisenbahn zum Mitfahren. Nicht zu vergessen die Lokhalle, das Stellwerk und der Bunker. Nicht nur für Technikfreaks ein lohnenswertes Ausflugsziel.

Adresse Schwartzkopffstraße 3, 38126 Braunschweig, www.lokpark.de | ÖPNV Bus 411, 422, 431, Haltestelle Bebelhof | Öffnungszeiten unregelmäßig, bitte der Website entnehmen | Tipp Wenn Sie von Zügen gar nicht genug bekommen können: Im Hauptbahnhof können sich Söhne und ihre Väter an einer Modelleisenbahn erfreuen, die in der Haupthalle steht und bei Münzeinwurf ihre Runden dreht.

37 Der Löwenwall

Die Oase in der City

Der berühmt-berüchtigte Dichter Gottfried Benn machte keinen Hehl daraus, dass er Braunschweig nicht mochte: »Alle diese in Norddeutschland gelegenen mittleren Städte sind mir widerlich, unangenehm. Mittelalterlicher Dreck überfallen von modernen ›Anlagen‹, krankhaft, unanständig, zwitterig.« Mit dem »mittelalterlichen Dreck« hat er wohl die wunderschöne Innenstadt gemeint; mit »Anlagen« wird er hingegen auf den Wallring anspielen, der entstanden ist, als die veralteten Wehranlagen abgerissen wurden.

Braunschweig stand damals nicht alleine mit dem Problem, dass die mittelalterlichen Mauern die aus allen Nähten platzende Stadt einzwängten. Nirgendwo ging man die Sache allerdings so weitsichtig an wie hier. Der Baumeister Peter Joseph Krahe, 1803 nach Braunschweig berufen, leistete ganze Arbeit und entwarf ein System von Alleen, die von großzügigen Plätzen unterbrochen wurden.

Noch heute kann man erkennen, wie umsichtig und behutsam er diesen gigantischen Landschaftsgarten mit seinen Torhäusern, Brücken und Wohnhäusern gestaltete, auch wenn leider einiges davon dem Irrsinn der »autogerechten Stadt« in der Zeit nach dem Zweiten Weltkrieg zum Opfer fiel. Manchmal weiß man nicht, was schlimmer war: die Bombennächte 1944 oder der anschließende Wiederaufbau.

Der Löwenwall ist einer der schönsten Teile jener Anlagen. 1818 als Monumentsplatz errichtet, ist hier eine große Rasenfläche von einer Kastanienallee umfasst, deren Form an antike Pferderennbahnen gemahnt. Der schwarze Obelisk in der Mitte erinnert an die in den Befreiungskriegen gefallenen Herzöge. Das Schöne an diesem Park ist, dass er – obwohl recht zentral zwischen Innenstadt und Magniviertel gelegen – nicht besonders stark frequentiert ist, außer von den Schülern der nahe gelegenen Gymnasien. Er ist also nach fast 200 Jahren immer noch ein echter Geheimtipp.

Adresse Löwenwall, 38100 Braunschweig-Innenstadt | ÖPNV Straßenbahn M 1, M 5, 2, Bus M 19, M 29, 420, 461, 601, 602, 603, 620, 631, 730, Haltestelle John-F.-Kennedy-Platz; Straßenbahn 4, Bus 452, Haltestelle Am Magnitor | Tipp Am Steintorwall 14, direkt am Löwenwall gelegen, finden Sie eine Abteilung des Städtischen Museums, in der immer wieder tolle Kunstausstellungen stattfinden. Unbedingt besuchen!

38 Der Magnifriedhof

Hier liegen nur die Besten!

»Es genügt nicht ganz, wenn ein Land sich rühmen kann, daß es die Wiege großer Männer war; es muß auch den Nachweis erbringen, daß es ihre Gräber zeigen kann«, hat Arno Schmidt einst behauptet. Braunschweig bemüht sich, diesen Grundsatz zu beherzigen.

Die meisten lokalen Prominenten ruhen auf dem Magnifriedhof, unter ihnen die Verleger George Westermann, Friedrich Vieweg und Albert Limbach, der Abenteuer-Schriftsteller Friedrich Gerstäcker, der Dichter und Dramatiker Gotthold Ephraim Lessing, der Shakespeare-Übersetzer Johann Joachim Eschenburg, der Sprachforscher Joachim Heinrich Campe, der Architekt Peter Joseph Krahe, der Fotopionier Peter Wilhelm Friedrich von Voigtländer und der Gründer der Kunsthochschule Johannes Selenka.

Den Westermann-Verlag gibt es bis heute, ebenso die von Limbach gegründete Braunschweiger Zeitung. Doch wer war eigentlich Johann Heinrich Campe? Den sollte man eigentlich kennen, da er immer noch in aller Munde ist. Er hat nämlich nicht nur Daniel Defoes »Robinson Crusoe« übersetzt, sondern auch für 11.500 Lehnwörter deutsche Bezeichnungen gefunden.

Die meisten von ihnen haben keinen Eingang in den allgemeinen Sprachgebrauch gefunden (zum Beispiel »Esslust« für »Appetit«, »Zwangsgläubiger« für »Katholik« und »Menschenschlachter« für »Soldat«), doch einige werden bis heute benutzt: zum Beispiel »altertümlich« für »antik«, »herkömmlich« für »konventionell«, »Erdgeschoss« für »Parterre« und »Lehrgang« für »Kursus«. Und man darf davon ausgehen, dass wir diese Wörter auch noch in einigen Jahrzehnten benutzen werden. Aber das nur als Randbemerkung (vormals: »Glosse«).

Wer nun Lust bekommen hat, auch hier begraben zu werden, muss jetzt ganz tapfer sein, denn seit 1887 gibt es auf dem Magnifriedhof keine Neuaufnahmen mehr. Allerdings werden noch auf dem Domfriedhof gelegentlich Bestattungen vorgenommen.

Adresse zwischen Ottmer- und Gerstäckerstraße, 38102 Braunschweig | **ÖPNV** Straßenbahn 4, Bus M 19, M 29, 411, 436, 452, Haltestelle Leonhardplatz (Stadthalle) | **Öffnungszeiten** immer zugänglich | **Tipp** Nackter Mann, sitzend und sinnierend: Am Magnitor, vor dem Städtischen Museum, steht Jürgen Webers Skulptur »Die große Verweigerung«.

39 Der Magnikirchplatz

Die drei K: Kirche, Kneipe und Kaufen

Braunschweig hatte einst die größte zusammenhängende Fachwerkinnenstadt Deutschlands. Dass es diese nicht mehr gibt, ist bedauerlich, aber nicht zu ändern. Wobei nicht zu allen Zeiten die Menschen Fachwerkhäuser so geliebt haben, wie wir es heute tun. Ludwig Hevesi, ein Reiseschriftsteller aus dem 19. Jahrhundert, bemerkte auch die negativen Seiten: »Nichts ist schöner für das Auge als Häuser, in denen man nicht um die Welt wohnen möchte. Häuser aus Fachwerk zum Beispiel, die man mit einem Streichholz gleich frontenweise abbrennen kann wie ein Feuerwerk; mit knarrenden Holzstiegen, die eine gemütliche Lebensgefahr bedeuten; mit roten steilen Dächern voll Dachstübchen, deren Fenster gerade groß genug sind für einen durchgesteckten Kopf.«

Es ist natürlich trotzdem toll, dass es in Braunschweig noch einige Straßenzüge gibt, in denen man sich einen Eindruck davon machen kann, wie es hier früher aussah. Eine der schönsten Traditionsinseln ist sicherlich das Magniviertel, dessen Mittelpunkt die Magnikirche bildet, die als das älteste Gotteshaus der Stadt gilt.

Wer einen Besucher der Stadt von der Schönheit Braunschweigs überzeugen möchte, möge ihn an einem sonnigen Tag auf den Kirchplatz führen, auf dass der Gast vor Freude aufjauchze, denn hier zeigt sich die Perle an der Oker von ihrer Schokoladenseite, zudem in den Straßen ringsum noch zahlreiche kleine Läden zu finden sind, sodass sich eine Visite auch für Shopping-Liebhaber lohnt. Oder, vielleicht noch besser: Man lasse sich bei einer Erlebnisführung mit dem Nachtwächter Hugo das Viertel zeigen.

Wenn man dann zum Abschluss noch eine der zahlreichen Kneipen aufsucht, dürfte Braunschweig einen weiteren Fan gefunden haben.

Übrigens wird hier auch einmal im Jahr das Magnifest gefeiert, das allerdings nur für Leute geeignet ist, die sich in Menschenmassen wohlfühlen.

Adresse Magnikirchplatz, 38100 Braunschweig-Innenstadt | ÖPNV Straßenbahn M 1, M 3, 2, Haltestelle Schloss; Straßenbahn 4, Haltestelle Georg-Eckert-Straße | Tipp Das »Haus Drei« des Staatstheaters (Hinter der Magnikirche 6a) ist klein aber fein und wendet sich speziell an junges Publikum.

40 Der Moorhüttenteich

Der Geheimtipp

Die meisten Parks der Stadt sind stark frequentiert (so soll es ja auch sein), und auch viele Bade- und Baggerseen sind gut besucht. Nur hierher, hoch in den Norden der Stadt, gleich neben Volkmarode, verirrt sich kaum jemand. Dabei ist der Moorhüttenteich auf jeden Fall einen Besuch wert. Verwunschen liegt er da, umgeben von gewundenen Wegen und dunklen Bäumen. Einige wachsen sogar aus dem Wasser heraus. Wenn man nun ein Boot besteigt, kann man in die Mitte des Sees paddeln und findet dort, knapp unter der Wasseroberfläche, Gebäudereste. Einst befand sich hier eine Ziegelei, und der Moorhüttenteich ist nichts anderes als eine mit Wasser geflutete Tonkuhle.

Der liebenswerte kleine See wirkt nach wie vor wie aus der Welt und der Zeit gefallen. Nur wenige Jogger rennen um ihn herum (obwohl der hügelige Weg für Langstreckenläufer sehr reizvoll ist), und es gibt auch nicht viele Hundebesitzer, die ihn als Gassigehweg benutzen (was wiederum besagte Jogger freuen wird, die ansonsten ja oft Gefahr laufen, von bellenden Vierbeinern verfolgt zu werden), von Radlern ganz zu schweigen, die um ihn einen großen Bogen zu machen scheinen. Irgendwie ist es ja auch schön, dass es in Braunschweig immer noch weiße Flecken auf der Landkarte gibt, unerforschte Gebiete, die es zu entdeckten gilt. Und die man sich nicht mit Hunderten und Tausenden anderen teilen muss. So kann man die Ruhe hier genießen, seinen Blick über das stille Wasser des Sees schweifen lassen, auf dem Enten und Schwäne gemächlich ihre Bahnen ziehen. Hier kann man Gott einen guten Mann sein lassen.

Eigentlich ist es sogar gut, dass hier niemand herfindet. Deswegen vergessen Sie diesen Hinweis am besten gleich wieder und reißen diese Seiten aus dem Buch. Der Heidbergsee und der Bienroder See sind ja auch ganz hübsch und mit öffentlichen Verkehrsmitteln viel besser zu erreichen.

Adresse Am Papenholz, 38104 Braunschweig-Volkmarode | **ÖPNV** Bus 417, 427, 437, Haltestelle Am Remenhof | **Tipp** In der Feldmark östlich von Querum, nicht weit weg von Volkmarode, wurden vor einigen Jahren die Erdreste des Borwalls, einer mittelalterlichen Wehranlage, rekonstruiert (www.denkmalpflege.bsl-ag.de).

41 Das Nexus

Bunter Fleck im tristen Grau

Die 1980er Jahre waren – auch in Braunschweig – die große Zeit der Hausbesetzungen. Berühmt-berüchtigt waren die Häuser in der Wolfenbütteler Straße und das »Konzerthaus« in der Böcklerstraße. Nach der Wiedervereinigung ging diese Ära ihrem Ende entgegen. Trotzdem wurden immer mal wieder Versuche gestartet, das eine oder andere Gebäude zu okkupieren, um dort Konzerte zu veranstalten und mit vielen anderen Leuten gemeinsam zu wohnen. Die Stadtverwaltung zeigte sich gar nicht amüsiert – und ließ jedes Haus sofort räumen (zum Beispiel am Theaterwall, im heutigen Kleinen Haus des Staatstheaters) oder gar noch über Nacht abreißen (wie in der Eisenbütteler Straße).

Schließlich wurde doch noch ein Standort gefunden, auf den sich die jungen Leute und die Stadtverwaltung einigen konnten: das ehemalige Verwaltungsgebäude des Braunschweiger Rüstungsbetriebs Luther-Werke in der Frankfurter Straße. 1993 war das, und es dauerte noch mal sechs Jahre, bis die Bauarbeiten beginnen konnten. 2005 feierte das Kulturzentrum Nexus schließlich Einweihung – und ist seitdem nicht mehr aus dem musikalischen Leben der Stadt wegzudenken. Immerhin traten hier auch schon Bands auf, die später viel größere Hallen füllten, zum Beispiel Frittenbude, The Gaslight Anthem und Against Me!. Andere Gruppen, zum Beispiel Egotronic, spielen sogar »freiwillig« im Nexus, obwohl sie durchaus größere Hallen füllen könnten. Zur Feier des Tages werfen die ehrenamtlichen Mitarbeiter dann manchmal auch die Seifenblasenmaschine an.

Als besonders gelungen muss übrigens die Inneneinrichtung des Zentrums bezeichnet werden. Die Bühne, zumeist von Punk- und Metal-Bands bespielt, wird ironisch-postmodern durch Tapeten, einen röhrenden Hirsch und einen Kronleuchter verschönt. Die Außenfassade mit ihren Graffiti und wechselnden Transparenten erinnert jedoch immer noch an das Goldene Zeitalter der Hausbesetzungen.

Adresse Frankfurter Straße 253, 38122 Braunschweig, www.dasnexus.de | ÖPNV Bus M 19, M 29, 443, 601, 603, 620, Haltestelle Helenenstraße; Straßenbahn M 3, M 5, Haltestelle Cyriaksring | Öffnungszeiten Do ab 20 Uhr und bei Veranstaltungen | Tipp Das Restaurant Selendi in der Frankfurter Straße 32 (schräg gegenüber) serviert außer Pizza, Falafel, Currywurst und Hamburgern auch einen Känguru-Teller und Krokodil-Taschen (www.selendi.de).

42 Die Oker

Eine Floßfahrt, die ist lustig

Die Oker – wie ein roter beziehungsweise blau-grüner Faden zieht sie sich vom Harz durch Braunschweig und Wolfenbüttel bis nach Müden, wo sie sich mit der Aller vereinigt. Das klingt simpel, ist es aber gar nicht, wenn man bedenkt, dass so ein Fluss nicht einfach frei durch die Landschaft fließt, sondern dass dort überall Menschen wohnen, die denselben Raum für sich beanspruchen.

Daher ist die Oker an zahllosen Stellen gestaut – gleich bei Altenau gibt es die riesige Okertalsperre – oder stark reguliert, zum Beispiel zwischen der Braunschweiger Innenstadt und dem Ölper See. Teils wurde sie gar unter die Erde verlegt, unter anderem bei Watenbüttel, wo sie in einem Düker unter den Mittellandkanal geführt wird. Dazu kommen noch diverse andere Eingriffe wie der Braunschweiger Südsee, der als Auffangbecken bei Hochwassergefahr angelegt wurde.

Braunschweig liegt an der Oker – das stimmt, aber der Fluss wurde schon im Mittelalter (als Ergänzung der Befestigungsgräben) in einen Westlichen und Östlichen Umflutgraben geteilt, die zudem partiell sogar unterirdisch fließen. Mehrere Wehre regulieren sorgsam den Wasserstand, auf dass die Stadt nicht ersäuft. Erst hinter Braunschweig darf sich der Fluss wieder gehen lassen und frei und ungezwungen durch die unter Naturschutz stehende Okeraue mäandern.

Die Oker ist nicht nur ein echtes Schmuckstück, sondern auch ein wichtiges Freizeitgebiet. Wer die Stadt besucht, muss daher unbedingt den Fluss befahren, sei es mit einem Tretboot oder einem Kanu. Besonders schön sind die Ausflugsfahrten mit den Flößen, die es auch mit kulturellem Begleitprogramm mit kriminellen oder komödiantischen Lesungen gibt. Oder man besucht die Veranstaltungen des Festivals »Kultur im Zelt« oder in den Sommermonaten die Beachbar Okercabana. Nachts am Feuerkorb zu sitzen und der Musik zu lauschen – kann es etwas Schöneres geben?

Adresse möglicher Ausgangspunkt für eine Okerfahrt: OkerTour, Kurt-Schumacher-Straße 26, 38102 Braunschweig, www.okertour.de | **ÖPNV** Straßenbahn M1, M5, 2, Bus M19, M29, 420, 461, 601, 602, 603, 620, 631, 730, Haltestelle John-F.-Kennedy-Platz | **Öffnungszeiten** täglich 10–17 Uhr | **Tipp** In Sachen Parks hat Braunschweig nicht nur Masse, sondern auch Klasse vorzuweisen. Einer der schönsten: der an der Oker gelegene Inselwallpark zwischen Innenstadt, Univiertel und nördlichem Ringgebiet.

43__Die Pissoirs

Der Glanz großer Städte

Pissoirs – diese Bedürfnisanstalten mit Minimalstandard (mehrere Urinale, kein Waschbecken) für Herren sind tatsächlich stark frequentiert. Feldforschungen vor Ort bestätigen, dass hier durchaus Bedarf besteht. Es ist ein stetes Kommen, Pinkeln und Gehen.

Zwei von ihnen gibt es noch. Eines befindet sich am Theater, ein anderes am Fallersleber Tor. Errichtet wurden sie Ende des 19. Jahrhunderts – für den Braunschweiger Architekten und Stadtbaurat Max Osterloh war dies wohl nur eine Fingerübung, denn er schuf unter anderem mit den Schulneubauten in der Sophienstraße, in der Bürgerstraße, in der Pestalozzistraße, am Löwenwall und am Augustplatz weit größere Bauten.

Auch die Gebäude, in denen das Städtische Museum, das Stadtarchiv und die Stadtbibliothek untergebracht waren, wurden von ihm entworfen. Zudem zeichnete er für die Restaurierung einiger Braunschweiger Kirchen – unter anderem für die Martinikirche am Altstadtmarkt – verantwortlich.

Damals war die Stadt mit den öffentlichen Urinalen auf der Höhe der Zeit, denn viele Großstädte schickten sich an, den Chic der Pariser Boulevards zu imitieren, zu denen neben Sitzbänken und reich verzierten gusseisernen Laternenpfählen auch Pissoirs gehörten, deren Errichtung auch der Verbesserung der hygienischen Zustände in den schnell wachsenden Metropolen diente.

Das direkte Vorbild für die Braunschweiger Pissoirs findet sich in dem 1890 veröffentlichten Standardwerk »Der Städtebau«, in dem die Entwürfe, die Josef Stübben für die Stadt Köln anfertigte, abgebildet sind. Allerdings wandelte Osterloh diese leicht ab, passte sie den lokalen Gegebenheiten in der Okerstadt an – und schuf damit Bauwerke, die bis heute das Braunschweiger Stadtbild bereichern. Zudem das Wildpinkeln mit einem Bußgeld von immerhin 100 Euro belegt ist. Geld, das man natürlich besser anlegen kann – in Gerstensaft zum Beispiel.

Adresse Am Fallersleber Tore und Am Theater, 38100 Braunschweig-Innenstadt | ÖPNV Am Fallersleber Tore: Straßenbahn M3, Haltestelle Botanischer Garten; Am Theater: Bus 230, 411, 412, 413, 416, 418, 422, 443, Haltestelle Staatstheater | Öffnungszeiten wirklich immer | Tipp Braunschweig ist auch eine Stadt der Antiquariate. Eines der größten und bestsortierten ist das Antiquariat Buch und Kunst in der Kasernenstraße 12 (also auf halbem Wege zwischen den beiden Pissoirs).

44 Der Portikus im Bürgerpark

Auferstanden als Ruine

Man weiß gar nicht, welcher Ort im Braunschweiger Bürgerpark der schönste ist. Der Kyriat-Tivon-Park genannte Bereich vielleicht, der den Eingang von der Innenstadt her kennzeichnet, wo ein beschaulicher kleiner Teich den gestressten Impulskäufer zum Verweilen einlädt? Oder der oft fälschlich Wasserturm genannte Schornstein des ehemaligen Wasserwerks, der heutzutage in eine Hotelanlage integriert ist? Oder der aus Bauschutt und Hausmüll aufgeschüttete Kreißberg, der nach dem Gartenarchitekten Friedrich Kreiß benannt ist, der eben diesen Park geschaffen hat?

Für die meisten Braunschweiger ist es wahrscheinlich der noch von Peter Joseph Krahe entworfene, aber erst viel später verwirklichte Portikus. Er wurde in einer der Bombennächte des Zweiten Weltkriegs beschädigt, war allerdings schon vorher eine Ruine, denn als eine solche wurde er 1896 erbaut. Die Bauteile stammen von dem zuvor abgerissenen Augusttor. Ein Bauwerk unvollständig zu errichten, mag etwas merkwürdig wirken, hat aber eine lange Tradition. Denn während die fürstlichen Barockgärten Perfektion anstrebten, erhoben im Zeitalter der Romantik ab Ende des 18. Jahrhunderts die bürgerlich geprägten Landschaftsgärten die Unvollkommenheit zum Prinzip, weshalb nun eine ganze Reihe von unfertigen Burgen, Schlössern, Tempeln und Türmen die Parks verschönten. Und warum auch nicht? Der Mensch ist dem Verfall ausgeliefert – was liegt da näher, als diesem Umstand ästhetisch Rechnung zu tragen? So ist es nur folgerichtig, dass die Bombenschäden am Portikus nie beseitigt wurden, denn dass die Ruine verfällt, potenziert ihren dekadenten Charme ja noch.

Der Bürgerpark ist immer einen Besuch wert – besonders aber einmal im Jahr zu Pfingsten, wenn das Orchester des Staatstheaters bei »Klassik im Park« zu einem kostenlosen Konzert einlädt – und die Portikus-Ruine die perfekt-unvollkommene Kulisse dafür liefert.

Adresse Zugang Bürgerpark zum Beispiel über Nimes-Straße, 38100 Braunschweig-Innenstadt | **ÖPNV** Bus M 19, Haltestelle Am Wassertor; Straßenbahn M 1, M 5, 2, Bus M 29, Haltestelle John-F.-Kennedy-Platz; Straßenbahn M 3, Friedrich-Wilhelm-Platz | **Öffnungszeiten** immer zugänglich | **Tipp** Das Hallenbad BürgerBadePark in der Nimes-Straße 1 wird in den Sommermonaten durch ein Freibad am selben Ort ergänzt (www.stadtbad-bs.de).

45 Die Quadriga

Auf dem Einkaufstempel

Auch wenn die Behauptung des Lokalhistorikers Gerd Biegel »Im Grunde ihres Herzens sind die Braunschweiger Monarchisten« übertrieben erscheint, muss man doch zugeben, dass nicht wenige Einwohner der Stadt *ihr* Residenzschloss gerne wieder zurück hätten. Dessen Reste wurden 1960 abgerissen, weil es im Zweiten Weltkrieg so schwer beschädigt worden war, dass der Wiederaufbau Millionen verschlungen hätte, die man damals auch anderswo gut gebrauchen konnte.

Hinzu kam, dass das Schloss als Symbol des Welfenhauses galt, das man erst wenige Jahrzehnte zuvor entmachtet hatte. Dass das Schloss in den 30er Jahren der SS als Junkerschule diente, machte die Sache auch nicht besser. Manch einer war also froh, dass es endlich verschwunden war und das Gelände humaner – nämlich als Park – genutzt werden konnte.

Doch die Zeiten ändern sich nun mal, und so wurde das Schloss von 2005 bis 2007 wiederaufgebaut. Na ja, zumindest wurde mit Hilfe von 600 Originalteilen eine Rekonstruktion versucht, die von Kritikern umgehend als »Vorhänge-Schloss« bezeichnet wurde. Als Anhängsel entstand dabei das Einkaufzentrum Schloss-Arkaden (auch als »Schloss-Attrappen« verballhornt), das ebenfalls viel Kritik auf sich zog, weil befürchtet wurde, dass dadurch Kaufkraft von der Innenstadt abgezogen würde.

Mittlerweile hat sich die Aufregung etwas gelegt. Die Schloss-Arkaden sind – wie erwartet – ein großer Erfolg, und immerhin wird ein Großteil des Schlosses nunmehr auch kulturell genutzt. Last but not least thront auf dem Dach des Gebäudes wieder eine Quadriga, die die inoffizielle Schutzpatronin der Stadt, die Brunonia, mit ihren vier Pferdchen darstellt. Und von der Aussichtsplattform kann man sich nicht nur einen guten Überblick über die Stadt verschaffen, sondern sogar den Brocken erspähen. Nur direkt runtergucken darf man nicht, denn der Bohlweg ist immer noch kein schöner Anblick.

Adresse Schlossplatz 1, 38100 Braunschweig-Innenstadt, www.braunschweig.de | ÖPNV Straßenbahn M 1, M 3, 2, Haltestelle Schloss; Straßenbahn 4, Haltestelle Georg-Eckert-Straße | Öffnungszeiten täglich Okt.–März 10–16.30 Uhr, April–Sept. 10–20 Uhr, letzter Einlass bis eine halbe Stunde vor Schließung | Tipp Der Eingang über die linke Schlosstreppe führt Sie sowohl zum viel zu unbekannten Schlossmuseum (www.schlossmuseum-braunschweig.de) als auch zum Roten Saal. Im letzteren findet regelmäßig der proppenvolle Poetry Slam statt (www.poetry-slam-braunschweig.de).

46 Der Querumer Forst

Die grüne Lunge Braunschweigs

Als vor einigen Jahren bekannt wurde, dass der Flughafen Braunschweig-Wolfsburg auf Kosten des Querumer Forstes erweitert werden sollte, begann ein langer Rechtsstreit, der mit einer Niederlage der Ausbaugegner endete – wie sollte es anders sein. Die Verlängerung der Startbahn hat jedoch zum Glück nichts an der Beliebtheit des Waldstückes geändert. Zwischen Querum im Süden, Kralenriede im Westen und Hondelage im Osten gelegen, zieht sich der Staatsforst Braunschweig bis in den Norden nach Bevenrode, hat also ein beträchtliches Einzugsgebiet, sodass er rege genutzt wird, unter anderem von Joggern, Bikern und Reitern sowie einem Waldkindergarten, der in einem Bauwagen mit wechselndem Standort untergebracht ist. Nicht zu vergessen die vielfältige Tierwelt: Grau- und Schwarzspechte, Sperber, Wespenbussarde sowie Rot- und Schwarzmilane sind es, die es sich hier zwischen Eichen und Hainbuchen gemütlich gemacht haben.

Der schönste Platz im Querumer Forst? Vielleicht das urgemütliche Café Torten-Tarras (legendär sind die monatlichen Kuchenschlachten am süßen Buffet), dessen Inneneinrichtung mit Kamin- und Jagdzimmer einem Schlösschen nachempfunden ist, oder die Steinskulptur Januskopf des Braunschweiger Bildhauers Magnus Kleine-Tebbe am Waggumer Weg (der allerdings nicht mehr direkt nach Waggum führt, weil inzwischen besagter Flughafen im Weg ist). Kleine-Tebbe ist übrigens mit seinen Werken im ganzen Stadtgebiet vertreten, inklusive diverser Vororte wie Bienrode, Querum, Waggum, Melverode, Hondelage, Dibbesdorf, Riddagshausen und Gliesmarode.

Aber am allerschönsten ist wahrscheinlich doch der kleine See im südlichen Teil des Wäldchens, der perfekt geeignet ist, um hier bei einer Fahrradtour Rast zu machen. Und Jagd zu machen auf Greif- und andere Vögel – mit Fotoapparat, Fernglas sowie Pflanzen- und Tierbestimmungsbüchern natürlich.

Adresse Steinriedendamm, 38108 Braunschweig-Kralenriede | ÖPNV Bus 416, 436, 464, Haltestelle Steinrieder damm | Tipp Der Bienroder See (Zufahrt über Im Großen Moore) ist ein beliebter Angelteich, der aber auch gerne zum Sonnen- und Wasserbaden genutzt wird – selbst wenn das Planschen offiziell nicht gestattet ist.

47 Das Raabe-Haus

Eine Gedenkstätte für den Schriftsteller

»Ist recht schön«, schrieb Wilhelm Raabe (1831–1910) über Braunschweig, »aber nur für jemand, dem es nicht darauf ankommt, so mal für eine unbestimmte Zeit von Jahren aus der Welt herauszufallen«. So richtig wohl hat sich der in Wolfenbüttel geborene Schriftsteller hier also nicht gefühlt, aber er lebte sich doch ganz gut ein in Braunschweig und fand auch Zugang zur besseren Gesellschaft, unter anderem durch die Mitgliedschaft bei den »Kleidersellern« – einem Stammtisch, den es noch heute gibt und dem im Laufe der Jahrzehnte allerlei Menschen angehörten, die in Braunschweig Fußspuren hinterließen. Neben Wilhelm Raabe waren das zum Beispiel der Klavierbauer Theodor Steinweg und der Unternehmer Heinrich Büssing.

Wilhelm Raabe wurde 1856 mit seinem Debüt-Roman »Die Chronik der Sperlingsgasse« schlagartig berühmt – der allerdings heutzutage wohl nicht mehr allzu viel gelesen wird. Nachhaltige Bedeutung hat der Braunschweiger Schriftsteller allerdings durch den Wilhelm-Raabe-Literaturpreis gefunden, der eine der bedeutendsten Auszeichnungen im gesamten deutschsprachigen Raum ist. Unter anderem wurden Rainald Goetz (»Abfall für alle«), Katja Lange-Müller (»Böse Schafe«), Wolf Haas (»Das Wetter vor 15 Jahren«) und Christian Kracht (»Imperium«) mit ihm ausgezeichnet. Und die Lange Nacht der Literatur, die alljährlich aus Anlass der Verleihung des Preises im Kleinen Haus des Staatstheaters begangen wird, gehört zu den ganz großen Ereignissen des Braunschweiger Kulturlebens.

Das Raabe-Haus ist durchaus sehenswert – auch weil es Raabes originales Arbeitszimmer samt Privatbibliothek zu bestaunen gibt. Was jedoch wirklich seine Existenz rechtfertigt, sind die vielen Vorträge und Lesungen, die hier stattfinden. Und die dadurch, dass sie an der Wirkungsstätte eines einst bedeutenden Schriftstellers stattfinden, eine ganz besondere Aura haben.

Adresse Leonhardstraße 29a, 38102 Braunschweig | **ÖPNV** Straßenbahn 4, Bus M 19, M 29, 411, 436, 452, Haltestelle Leonhardplatz (Stadthalle) | **Öffnungszeiten** Di 11–14 Uhr, Mi 9–12 Uhr, Do 13–16 Uhr, So 15–17 Uhr | **Tipp** Quasi nebenan in der Tanzschule Haeusler-Kwiatkowski, Leonhardstraße 20, können Sie von Discofox über Westcoast Swing bis zu Jumpstyle jeden Tanzstil lernen, mit dem Sie auf der nächsten Party auftrumpfen möchten!

48 Der Richmondpark

Ein Spielhaus für die Prinzessin

»Ich kann hier am Morgen nicht einmal ein Butterbrot bekommen«, klagte Prinzessin Augusta gegenüber einem englischen Landsmann. »Die Butter ist ranzig, und es gibt nur Schwarzbrot.« Durch Heirat hatte es sie nach Braunschweig verschlagen – und es wollte ihr hier so gar nicht gefallen. Deutschland war eben nicht England, und so tat ihr Gemahl Karl Wilhelm Ferdinand von Braunschweig ihr den Gefallen und ließ von einem englischen Architekten 1768 auf dem Zuckerberg vor den Toren der Stadt ein kleines Schlösschen bauen, das sie an ihre Heimat Richmond Park erinnern sollte. Es gefiel Augusta, die von 1780 bis 1806 Herzogin war, so gut, dass sie es zu ihrer Lieblingsresidenz erkor. Diese Liebe teilten allerdings nicht alle. »Ich sah unterwegs das neue Lustschloß Ihrer Hoheit«, urteilte ein Zeitzeuge, »welches keiner, der mehrere gesehen, bewundern kann.«

Aber wir wollen nicht lästern, sondern loben. Und so sei darauf hingewiesen, dass die Anlage auch heute noch einen gewissen Reiz hat, zudem sie über einem kleinen Landschaftspark liegt, der den Weg von der Stadt zum Südsee markiert. Der Park gilt als einer der ersten englischen Landschaftsgärten in Norddeutschland und markiert damit den gartengestalterischen Übergang vom Barock zur Neuzeit. Auch wenn englische Gärten nicht so wirken – in Wirklichkeit stellen sie einen ganz erheblichen Eingriff in die Landschaft dar, die ganz dem Menschen und seinen Bedürfnissen dienstbar gemacht wird. Vielleicht kann man ihn sogar als Ausdruck des Imperialismus sehen, der sich damals, im 18. Jahrhundert, anschickte, den Weltball zu erobern und dabei nichts dem Zufall überließ.

Am besten genießt man einfach an einem schönen sonnigen Tag einen Spaziergang um den Spielmannteich und picknickt am Rundtempel, der an eben diesem kleinen Teich errichtet wurde und von dem aus man ganz wundervoll den sich abhetzenden Joggern hinterherblicken kann.

Adresse Zugang über Richmondweg, 38124 Braunschweig **ÖPNV** Straßenbahn M 1, 2, Bus 420, Haltestelle Richmondweg | **Tipp** Die größte Zielgruppe der preisgünstigen Teichbadeanstalt Kennel-Bad in Jogging-Entfernung – Kennelweg 4 – sind junge Familien. Für Freunde der Nacktbadekultur gibt es einen eigenen Abschnitt (www.kennel-bad.de).

49 Die Riddagshäuser Teiche

Das Vogel- und Menschenparadies

Wenn man Menschen, die Braunschweig besuchen, beeindrucken möchte, holt man sie am besten mit dem Auto ab und fährt über Riddagshausen und die Ebertallee nach Braunschweig hinein. Hier wird man viele Ausrufe wie »Aaah!« und »Oooh!« und »Ach, das ist ja eine schöne Stadt!« ernten. Nur an dem stadtauswärts gelegenen Bahnübergang wird es unter Umständen ein wenig Gemaule geben, weil man dort so lange warten muss, bis man die gefühlten 13 Züge endlich vorbeigelassen hat.

In Riddagshausen sollte man dann mit den Gästen eine kleine Rast einlegen, um mit ihnen einen Spaziergang um die Teiche zu machen. Diese Gewässer sind im Mittelalter von Zisterziensermönchen angelegt worden, von denen Historiker heute sagen, dass sie eine extrem niedrige Lebenserwartung gehabt hätten – kein Wunder, wenn man sich vorstellt, dass die weitläufigen Fischteiche in Handarbeit ausgehoben worden sind. Eine mörderische Knochenarbeit, zudem wohl Krankheiten und Seuchen den gottesfürchtigen Männern arg zusetzten.

Heute ist davon natürlich nichts mehr zu spüren, und man darf sich glücklich schätzen, um diese Gewässer lustwandeln zu dürfen. Zahllose Vögel – von denen die Enten und die Schwäne, mit denen man sich nicht anlegen sollte, die auffälligsten sind – wollen entdeckt werden, also nicht das Fernglas und den Fotoapparat vergessen! Vom Aussichtsturm hat man einen perfekten Ausblick auf dieses kleine Paradies, das auch ein wichtiger Rastplatz für Zugvögel ist, weshalb es schon seit 1936 unter Naturschutz steht.

Wenn man dann noch frischen Räucherfisch an der Fischkate kauft und seine Gäste auf Kaffee und Kuchen in das urgemütliche »Teetied« einlädt, wird jeder von ihnen von den Qualitäten Braunschweigs überzeugt sein. Im Winter sind die Teiche übrigens das Braunschweiger Eislaufgebiet Nummer eins. Wenn sie denn mal ausnahmsweise zufrieren.

Adresse Zugang zum Beispiel über Dr.-Wilke-Weg, 38104 Braunschweig-Riddagshausen | **ÖPNV** Bus 418, Haltestelle Nehrkornweg | **Tipp** Auf dem Weg von der Stadt nach Riddagshausen kommen Sie am hippen »Studio Ost«, Kastanienallee 53, vorbei, wo Sie auch leckere Kleinigkeiten essen können (www.studioost.de).

50 Der Ringerbrunnen

Kunst versus Kritik

Der Ringerbrunnen in der Fußgängerzone stellt den Kampf des griechischen Helden Herakles mit dem Riesen Antaios dar, den der griechische Superheld eigentlich nicht gewinnen kann, weil sein übergroßer Gegner immer wieder neue Kraft bekommt durch die Verbindung mit seiner Mutter Gaia (der Erde). Erst als Herakles ihn in die Luft hebt, kann er ihn seiner Kräfte berauben und erwürgen. Sich selbst sah der Braunschweiger Bildhauer und Professor Jürgen Weber, der den Brunnen 1975 geschaffen hat, wohl in der Rolle des Herakles, weshalb auf dessen Trikot auch sein Name zu lesen ist. Antaios repräsentiert hingegen seine Lieblingsfeinde: die Kunstkritiker. Beziehungsweise einige von ihnen, deren Namen unterhalb der Gürtellinie – Sie wissen schon, wo – verzeichnet sind. Immer wieder geriet er mit ihnen aneinander, stritt mit ihnen über gegenständliche und nicht-gegenständliche Kunst, bis man ihn einen »bornierten Oberlehrer«, »Provinzdemagogen« und »dialektischen Gartenzwerg« nannte. Ja, in öffentlichen Auseinandersetzungen suggerierte man sogar, dass er dem Nationalsozialismus nahestehe. Ein Vorwurf, der dem 1922 geborenen Weber dann doch zu weit ging. Immerhin war er schon als junger Mann Mitglied der Bekennenden Kirche und hatte unter anderem für den vorzeitigen Abgang des ehemaligen NS-Kulturfunktionärs Karl Wollermann vom Amt des Direktors der Hochschule für Bildende Künste gesorgt.

Überhaupt diese Kunstkritiker: Auch andere Werke von ihm wollten sie verhindern. Das »Ehekarussell« in Nürnberg zum Beispiel, das das Gedicht »Das bittersüße eh'lich' Leben« von Hans Sachs illustriert. »Vulgär« und »pseudobarock« nannten sie es. Weber nahm diese Auseinandersetzungen mit Humor und verstand daher den Ringerbrunnen auch als eine Reminiszenz an die mittelalterlichen Schausteller und Spaßmacher des »fahrenden Volks« – und als bewusstes Gegenstück zu der Strenge des altehrwürdigen Burgplatzes.

Adresse Sack Ecke Schuhstraße, 38100 Braunschweig-Innenstadt | **ÖPNV** Straßenbahn M 1, M 3, 2, 4, Bus 230, 411, 413, 416, 418, 420, 422, 443, 450, 480, 560, Haltestelle Rathaus | **Tipp** Die Galerie Jaeschke in der Schuhstraße 42 vertritt nicht nur den Popart-Künstler James Rizzi, sondern auch die Mehrfachbegabungen Janosch, Udo Lindenberg, Helge Schneider und Armin Müller-Stahl (www.galerie-jaeschke.de).

51__Das Ringgleis

Braunschweigs längste Galerie

Fahrradtouren haben ja durchaus ihre Tücken. Ständig wird man nassgeregnet, und andauernd hört man: »Es gibt kein schlechtes Wetter, es gibt nur schlechte Kleidung.« Was natürlich nicht stimmt. Es gibt sehr wohl schlechtes Wetter, echtes Schietwetter sogar, wie man in Norddeutschland sagt.

Daher ist es wirklich schön, dass es in Braunschweig mit dem Ringgleis – das einer ehemaligen Eisenbahntrasse folgt – einen sieben Kilometer langen Fahrradweg mit attraktiven Stationen und der Möglichkeit gibt, sich nötigenfalls nach Absolvierung eines kleinen Schlenkers irgendwo unterzustellen. Er beginnt nördlich der Innenstadt an der Oker und führt in einer weiten Kurve zum Südsee.

Integriert in diesen vorbildlichen Bikerhighway ist das 5,5 Kilometer lange Freilichtmuseum ZeitSchiene, das sich mit der regionalen und lokalen Zeit-, Wirtschafts-, Verkehrs- und Technikgeschichte beschäftigt und durch Dekadensteine unterteilt ist. Viele ehemalige Braunschweiger Betriebe sind hier einbezogen, unter anderem die Braunschweigische Maschinenbauanstalt (BMA) und die berühmte Büssing AG, die die weltweit erste Omnibuslinie (zwischen Braunschweig und Wendeburg) betrieb.

Doch das ist noch längst nicht alles, was das Ringgleis zu bieten hat. Immer wieder laden Rastplätze zum Verweilen und Spiel- und Sportflächen zum Austoben ein, zum Beispiel ein brandneues Fitnessgelände an der Hugo-Luther-Straße. Hinzu kommt noch, dass viele Wände und Brücken am Wegesrand künstlerisch gestaltet sind, meist bemalt oder besprayed. Und zwar nicht nur (aber auch) von professionellen Künstlern, sondern ebenso von »Laien«, seien es nun Kinder, Jugendliche oder Erwachsene.

Darunter befinden sich natürlich viele offizielle (Auftrags-)Arbeiten, aber auch vieles, was sich … nun ja … eher in einer rechtlichen Grauzone bewegt. Und alles zusammen ist verdammt sehens- und erlebenswert!

Adresse Zugang zum Beispiel über die Hugo-Luther-Straße, 38118 Braunschweig, www.braunschweigerzeitschiene.de | ÖPNV Bus 443, Haltestelle Westbahnhof; Bus M 19, M 29, 601, 603, 620, Haltestelle Helenenstraße | Tipp Die Jahnstraße, die parallel zum oberen Teil der Hugo-Luther-Straße verläuft, ist so eine Art Mischung aus Schwabing und Kreuzberg (in klein natürlich). Dort leben viele Kunststudenten und (Lebens-)Künstler, es gibt aber auch ein Sportlerhaus sowie eine Galerie.

52__Das Salve Hospes

Mehr als eine Kunsthalle

Das Salve Hospes ist immer für eine Überraschung gut. Wenn man zum Beispiel auf den Hof kommt, kann es sein, dass dort ein Kipplaster steht, was ja an sich noch nichts Ungewöhnliches wäre. Wenn dann aber neben dem Fahrzeug ein mit Wasser gefülltes Goldfischglas (aber ohne Goldfische) steht, liegt der Verdacht nahe, dass dieses Arrangement ein Kunstwerk ist. So ist es dann auch. »Landscape with Mountain and River« heißt das Werk von Wilfredo Prieto. Das kann einen unvorbereiteten Besucher durchaus vor den Kopf stoßen, doch Dank einer hervorragenden Führung löst sich diese Verstörung schnell in Luft auf und weicht einem interessanten, offenen Gespräch über zeitgenössische Kunst.

Dieses Beispiel macht vielleicht schon deutlich, dass das Salve Hospes (»Sei gegrüßt, Gast!«) mehr ist als eine Galerie – es ist ein Ort, an dem der Besucher mit Perspektiven konfrontiert wird, die vielleicht nicht immer unbedingt seiner eigenen Sichtweise entsprechen.

Ob dem Bauherrn, dem Kaufmann Dietrich Wilhelm Krause, oder dem Architekten Peter Joseph Krahe der 1808 fertiggestellten klassizistischen Villa moderne Kunst gefallen hätte, sei dahingestellt, aber auf diese Weise wird immerhin eines der schönsten Braunschweiger Häuser der Öffentlichkeit zugänglich gemacht. Letztlich wird hier auch eine große Tradition fortgeführt, denn schon im 19. Jahrhundert war das Haus Mittelpunkt des intellektuellen Lebens in Braunschweig, zu seinen Besuchern zählten Friedrich Schelling und Hans Christian Andersen. Zum Kunstverein gehört übrigens auch die Remise, die eine sehr gute Ergänzung zur Ausstellungsfläche im Haupthaus darstellt.

Hinten im Garten liegen bei der eingangs erwähnten Ausstellung übrigens zwei weitere Steine. Sie sind sehr groß und berühren sich. »Kiss« heißt das Kunstwerk, und wenn man aus einem der Fenster in den Garten blickt, sieht man ihn auch, den Kuss der Muse.

Adresse Lessingplatz 12, 38100 Braunschweig-Innenstadt, www.kunstverein-bs.de | **ÖPNV** Straßenbahn M 1, M 5, 2, Bus M 19, M 29, 420, 461, 501, 602, 603, 620, 631, 730, Haltestelle John-F.-Kennedy-Platz | **Öffnungszeiten** Di, Mi, Fr–So 17–23 Uhr, Do 14–23 Uhr; öffentliche Führungen Do und So 18 Uhr | **Tipp** Die Städtische Musikschule nebenan, Augusttorwall 5, ist in einem fast noch schöneren, aber auf jeden Fall verspielteren Gebäude untergebracht (www.braunschweig.de/staedtische_musikschule).

53 Schadt's Brauerei Gasthaus

Braunschweigs privateste Brauerei

Braunschweig und Bier. Dabei denkt natürlich jeder sofort an Wolters. Die Brauerei, 1627 gegründet, stand 2005 kurz vor der Schließung, da der Mutterkonzern InBev der Meinung war, dass sie nicht wirtschaftlich zu betreiben sei – obwohl sie schwarze Zahlen schrieb! Kurzerhand erwarben vier leitende Angestellte die Firma. Wolters darf sich mittlerweile rühmen, die größte Privatbrauerei Niedersachsens zu sein – ein kleines Wirtschaftswunder hat sich hier also zugetragen.

Da sie das vor allem den treuen Wolterstrinkern im Braunschweiger Land zu verdanken hat, pflegt sie sorgsam ihr lokales und regionales Image, zum Beispiel indem sie in schöner Regelmäßigkeit liebevoll designte Sammlerdosen mit Eintracht-Braunschweig-Motiven herausgibt. Auch diese Verbindung ist naheliegend und (hoffentlich) unlösbar: Eintracht und Wolters.

Doch Braunschweig hat ja noch eine zweite Privatbrauerei: Sie gehört zu Schadt's Gasthaus. Dort wird seit 1985 das gleichnamige Pilsener gebraut, das mittlerweile durch Weizen-, Bock- und Märzenbiere ergänzt wird. Und eines muss man sagen: Das Bier schmeckt verdammt lecker – ein Besuch in der Gastwirtschaft lohnt sich also auf jeden Fall. Zum Schadtschen Eventangebot gehört eine Besichtigung der Brauerei (inklusive Erwerb des Hopfendiploms) und ein »Rittermahl Heinrich der Löwe« mit Betreuung durch den Waffenmeister Dietrich von der Okeraue.

Die Küche des Hauses ist eigentlich mit zwei Worten ausreichend beschrieben: »deutsch« und »deftig«. Hier gibt es also Bierbraten, Harzer Käse, hausgemachtes Sauerfleisch, Nordische Matjesfilets, Würzburger Häckerteller, Leberkäse, Rostbratwürstchen, diverse Schnitzel und eine umfangreiche Spargelkarte. Selbstverständlich kann man für zu Hause auch echtes Schadt's Pilsener in formschönen Flaschen erwerben. Als Andenken – falls man sich an den Abend sonst nicht mehr erinnern kann.

Adresse Marstall 2/Höhe 28, 38100 Braunschweig-Innenstadt, www.schadts-brauerei-gasthaus.de | **ÖPNV** Bus 411, 413, 416, 418, 422, 450, 480, 560, Haltestelle Packhof | **Öffnungszeiten** Mo ab 17 Uhr, Di–Sa 12–24 Uhr, So 17–22 Uhr | **Tipp** Noch so ein tolles Traditionslokal mit Hausmacherkost: Mutter Habenicht im Papenstieg 3, gleich um die Ecke (www.mutter-habenicht.de).

54 Der Skaterplatz

Chillen und Grillen im Grünen

Der Prinzenpark ist die größte Grünanlage im Östlichen Ringgebiet. Errichtet auf dem Gelände des ehemaligen Großen Exerzierplatzes, bildet er seit 1895 den Übergang von der Stadt zu den Riddagshäuser Teichen. Benannt ist er nach seinem Förderer, dem Prinzen Albrecht von Preußen, der deshalb auch ein Denkmal spendiert bekommen hat, das mit dem Brunnen und der zugehörigen Wassertreppe ein fotogenes Ensemble bildet, zu dessen Füßen sich eine der beliebtesten Freizeitanlagen der Stadt befindet, die zudem auch noch kostenlos ist: der Skaterplatz. Dieser ist übrigens älter, als man denkt, denn schon 1950 wurde hier eine Rollschuhbahn eingerichtet. Vorher befand sich an dieser Stelle ein ovaler Rosengarten, durch den man gepflegt und vielleicht auch ein wenig gelangweilt flanieren durfte.

Trotz seines hohen Alters hat sich der Platz seine jugendliche Frische bewahrt. Juvenile Menschen jeden Alters sausen hier mit Skateboards oder Inlinern über den Beton, dazwischen rasen BMX-Räder die Rampen rauf und runter, während auf dem Basketballfeld Kids Körbe werfen (und bekommen). Nirgendwo ist Braunschweig so relaxed und gleichzeitig so aktiv wie hier.

In den warmen oder zumindest halbwegs trockenen Monaten des Jahres wird die an den Skaterplatz anschließende Rasenfläche zum größten Picknick-Platz der Stadt, auf dem man gemütlich grillen und chillen kann. Studenten und Schüler lungern herum, sonnen sich, trinken Bier und Wein, hören Musik oder klimpern selbst auf der Gitarre. Eine Idylle.

Nichts erinnert mehr daran, dass in den 1940er und 50er Jahren sogar Auto- und Motorradrennen im Prinzenpark stattfanden, bis diese aus Sicherheitsgründen verboten wurden. Heute jagen höchstens Jogger oder Radfahrer über die Wege, machen dabei aber wenigstens keinen Krach. Wer sich hier bewegt, tut das unmotorisiert – einer der besten Orte in der ganzen Stadt.

Adresse Zugang zum Beispiel über Herzogin-Elisabeth-Straße, 38104 Braunschweig | **ÖPNV** Bus 418, 422, Haltestelle Nußbergstraße | **Tipp** Die Braunschweiger Jugendkirche, Herzogin-Elisabeth-Straße 8a, lädt nicht nur zu Gottesdiensten ein, sondern auch Konzerten, Ausstellungen und Workshops (www.jugendkirche-braunschweig.de).

55 Die Stifte vor der Bank

Zum Mitschreiben

»Ich komm' von einer weiten Reis', auf welcher ich Schulden eingetrieben. Fast hab ich des baren Geldes zu viel. … Da dacht' ich, ob nicht du vielleicht … etwas brauchen könntest«, schrieb Lessing in seinem Meisterwerk »Nathan der Weise«.

Was das mit der BraWo-Bank zu tun hat? Die Sätze aus dem »Nathan« sind auf den Stiften zu lesen, die vor dem Gebäude am Berliner Platz stehen. So wird hier zum einen einmal mehr Lessing gehuldigt, und zum anderen zeigt die traditionsreiche Bank fast so etwas wie Selbstironie. Ein Schulden-eintreiber, der zu viel Geld hat – eine traurige Situation.

Überhaupt kann man die Stifte gar nicht hoch genug loben, denn der Bahnhof und der Bahnhofsvorplatz gelten nach allgemeinem Dafürhalten als nicht besonders ansprechend, obwohl man sich bestimmt darüber streiten könnte, ob hier nicht die falschen Maßstäbe angesetzt werden. Natürlich: Der alte Bahnhof in der Innenstadt passte sich viel besser in das ehemalige Stadtbild Braunschweigs ein, doch eine andere Zeit braucht eben auch andere Gebäude.

Und dass Geschmack eben immer auch subjektiv ist, zeigt vielleicht folgende Anekdote: Zu der »Langen Nacht der Literatur« war 2014 auch der Schriftsteller Tex Rubinowitz eingeladen, um aus seinen Werken zu lesen. In seiner Anmoderation erzählte er, dass er bei seiner Ankunft zu dem Taxifahrer gesagt habe, dass der Braunschweiger Bahnhof sehr schön sei. Dieser habe jedoch nur lakonisch geantwortet: »Das sehen wir hier nicht so.« Womit er wahrscheinlich tatsächlich für einen Großteil der hiesigen Bevölkerung sprach – was Herrn Rubinowitz nicht davon abhielt, den Rest des Abends immer wieder auf den »wunderschönen Bahnhof« zu sprechen zu kommen.

Umso besser, dass es die volksbankfarbenen Stifte gibt, die durch die Skulpturen von Christel Lechner ergänzt werden, die von Weitem fast wie echte Menschen aussehen.

Adresse Berliner Platz 2, 38102 Braunschweig | ÖPNV Straßenbahn M 1, M 5, 2, Bus M 19, M 29, 411, 420, 431, 436, 451, 461, 601, 602, 603, 620, 631, 730, Haltestelle Hauptbahnhof | Tipp Der Platz zwischen Bahnhof und BraWo-Park wird durch eine ausrangierte Lok (für Kenner: DR-Baureihe 01.10) verschönert.

56 Der Stuhl im Westpark

Kunst im Park

Der Stuhl ist natürlich nicht einfach nur ein Stuhl. Er ist ein Stuhl für Riesen. Beziehungsweise wäre er ein Stuhl für Riesen, wenn es Riesen geben würde. So ist es ein Stuhl für Fotografen, denn es gibt kaum ein Objekt im Westpark, das so oft abgelichtet wird wie eben dieses 3,50 Meter hohe Sitzmöbel. Dabei hat die Grünanlage auch noch andere Attraktionen, die jedoch in Braunschweig eher unbekannt sind, da der 1980 entstandene Park – also ein junger Hüpfer – im Schatten der großen Brüder Bürger- und Prinzenpark steht, die zudem beide von der Innenstadt aus schneller zu erreichen sind. Wobei der Westpark immerhin an das Westliche Ringgebiet und an die Weststadt grenzt, also einen ziemlich großen Einzugsbereich hat.

Der Westpark sollte ursprünglich »Madamenpark« heißen, nach der Straße, die ihn durchschneidet. Der Madamenweg erinnert an Rosine Elisabeth Menthe. Diese Zofe hatte 1681 als 18-Jährige den damals 54-jährigen Herzog Rudolf August geheiratet, nachdem dessen erste Frau gestorben war. »Madame Rudolfine«, wie sie stets nur genannt wurde, verbrachte die meiste Zeit in einem Landschloss in Vechelde und reiste über diesen Weg nach Braunschweig, der daher schon bald spöttisch »Madamenweg« genannt wurde, bis der Name sogar Einzug in das Straßenregister fand.

Der 240 Hektar große Westpark bietet echte Vielfalt und lockt mit seinen Wiesen, Teichen, Wegen, Kleingärten und seiner Discgolf-Strecke, seinem Mountainbike-Parcours, seinen Aussichtspunkten und seinen Skulpturen, die in Zusammenarbeit mit der Hochschule für Bildende Künste entstanden. Dazu zählen auch »Der Bilderrahmen« (auch dieser ist ein beliebtes Fotoobjekt, besonders bei Hochzeitspaaren), »Der Informationspfeiler« und »Das Paar«. Und eben »Der Stuhl« von Martina Benz, der zwar – wie gesagt – als Sitzgelegenheit nicht viel taugt, aber immerhin schön anzusehen ist.

Adresse 38120 Braunschweig-Weststadt | ÖPNV Bus 418, Haltestelle Strombeckstraße | Öffnungszeiten immer zugänglich | Tipp Das Raffteichbad, Madamenweg 93, ein Freibad, lädt zum Schwimmen und Springen, Spielen und Liegen ein.

57 Der Südsee

Segeln in der Braunschweiger Karibik

Die Südsee – Sehnsucht von Millionen. Der Südsee – Erholung für Hunderttausende. Oder vielleicht auch ein paar weniger, aber immerhin ist er mit seinen 22,8 Hektar das größte zusammenhängende stehende Gewässer im Braunschweiger Stadtgebiet. Er ist auch noch verhältnismäßig neu, wurde erst 1965 angelegt, als Hochwasserschutzgebiet und weil hier praktischerweise Kies gewonnen werden konnte für den Bau der A391, die Braunschweiger Stadtautobahn direkt nebenan. Zwischen Melverode und Stöckheim auf der einen Seite und Rüningen auf der anderen Seite gelegen, erstreckt er sich etwa einen Kilometer lang in Steinwurfweite zur Oker.

Man kann sich darauf verlassen: Jedes Frühjahr wird die Landschaft um den Südsee überschwemmt. Schuld daran ist die Oker, die einfach das Wasser nicht halten kann.

Am Südsee stört das niemanden. Die Deutsche Lebensrettungsgesellschaft, die Naturfreunde, der Seglerverein sowie diverse Angelvereine nutzen den See für ihre je eigenen Zwecke. Die Ausweitung des Braunschweiger Naherholungsgebietes, das sich vom Bürgerpark über den Richmondpark und die Kennelteiche bis zur Rüninger Mühle zieht, war durchaus gewollt und ist ein echter Gewinn für die Stadt.

Wer sich mit den Seglern an ihrer Anlegestelle unterhält, spürt sofort, dass dadurch eine gewisse Gelassenheit in Braunschweig eingezogen ist. Das färbt auch auf die anderen Freizeitsportler ab, auf die Kanuten und Drachenbootfahrer, auf die Jogger, Walker und Radfahrer (ein Teil des Radweges nach Wolfenbüttel führt am Südsee entlang). Und natürlich auf die Spaziergänger und Wanderer, die gemächlichen Schrittes den Südsee umrunden.

Und nicht nur das: Auch das Mikroklima in den umliegenden Stadtteilen soll sich verbessert haben, weil seitdem weniger Nebel in der Oker entsteht und sich die Kälte nicht mehr so lange hält. Sagen zumindest Hobby-Meteorologen.

Adresse Zugang zum Südsee zum Beispiel über die Straße Grund, 38124 Braunschweig-Melverode | **ÖPNV** Bus 431, 442, Haltestelle Glogaustraße | **Tipp** Wenn der Südsee die Karibik Braunschweigs ist, ist der Zoo Arche Noah in Melverode – Am Zoo 35 – der Dschungel (www.zoo-bs.de).

58 Die Tierdioramen

Traditionsbewusstsein im Naturhistorischen Museum

Schon der große Goethe schwärmte von diesem Museum: »Das Vorzüglichste, was ich in Braunschweig in Augenschein genommen, ist das … sehenswürdige Herzogliche Kunst- und Naturalienkabinett.« Selbst wenn es heute vielleicht nicht mehr »das Vorzüglichste« ist, was Braunschweig zu bieten hat, lohnt sich ein Besuch im ältesten Naturkundemuseum Deutschlands auf jeden Fall. Es war einst von Herzog Carl I. gegründet worden (ebenso wie das Collegium Carolinum, der Vorläufer der Technischen Universität Braunschweig), dem nachgesagt wurde, ein begeisterter Aufklärer und schlechter Betriebswirt zu sein.

Diese große Tradition ist jedoch manchmal wohl auch eine Bürde, denn wenn Carl I. auch als großer Reformer gilt, wird doch jede Veränderung in diesem Museum misstrauisch beargwöhnt. Vor einigen Jahren entbrannte zum Beispiel um die besonders bei älteren Bürgern der Stadt beliebten Dioramen mit ausgestopften Tieren ein erbitterter Streit, da ein neuer Museumsdirektor diese beseitigen wollte – was zu einer Flut von Leserbriefen an die lokale Tageszeitung führte. »Der Neue« musste daher einen Rückzieher machen, sodass die Dioramen auch weiterhin zu sehen beziehungsweise – je nachdem – zu bewundern sind.

Was gibt es auf den vier Etagen noch zu entdecken? Jede Menge Fossilien, Skelette und Rekonstruktionen natürlich sowie im ersten Stock Aquarien und Terrarien mit Fischen (darunter Piranhas und Rochen), Schlangen, Chamäleons und Pfeilgiftfröschen. Im Insektensaal kann man mit Hilfe von Stereomikroskopen über 100 Präparate in bis zu 40-facher Vergrößerung betrachten. Für Kinder immer wieder ein großer Spaß! Sehenswert ist aber auch das Gebäude selbst, in dem das Museum untergebracht ist: ein schönes Beispiel für den norddeutschen Backsteinexpressionismus – der nationalsozialistische Einfluss (Einweihung: 1937) ist unschwer an den eingearbeiteten Ornamenten zu erkennen.

Adresse Pockelsstraße 10, 38106 Braunschweig, www.naturhistorisches-museum.de | **ÖPNV** Bus M 19, M 29, 433, Haltestelle Pockelsstraße | **Öffnungszeiten** Di 9–17 Uhr, Mi 9–19 Uhr, Do–So 9–17 Uhr | **Tipp** Gleich nebenan befindet sich das Haus der Wissenschaft, in dem tolle Veranstaltungen stattfinden, zum Beispiel der Science Slam, der zu den ersten in Deutschland gehörte.

59 Die Toblerone

Höchste Kunst

Kunst im öffentlichen Raum – das sind zumeist Denkmäler, Skulpturen, Brunnen (oder eine Kombination daraus), aber auch ganze Gebäude weltlicher oder religiöser Art mit ihren Friesen, Fresken und Wandmalereien. Die meisten dieser Kunstwerke sind zum Anschauen, einige wenige sind begehbar, manche kann man zumindest anfassen. Letztlich ist solche Kunst formal und inhaltlich oft äußerst konservativ. Wenn man bedenkt, welche Feldherren dort alles für welche Siege geehrt werden, kommt man schon manchmal ins Grübeln, ob das alles so richtig ist. Da ist man vielleicht doch froh, wenn neue Wege beschritten werden.

Dazu zählen zum Beispiel Videoinstallationen im öffentlichen Raum. So etwas gibt es auch in anderen Städten, doch Braunschweig hat hierfür einen besonders exponierten Ort: die Bildschirme auf der »Toblerone«, dem dreieckigen Gebäude im BraWo-Park am Hauptbahnhof, dem Einfallstor zur Stadt. Das Hochhaus ist weit sichtbar in Braunschweig, zumal der 2015 eröffnete BraWo-Park sowieso nicht zu übersehen ist, da das Gebäudeensemble durch ein weiteres Hochhaus (im modischen »Schießschanzenlook«) ergänzt wurde. Und tatsächlich gibt es auf den Bildschirmen immer wieder neue Dinge zu entdecken: Filme, die kleine Geschichten erzählen, etwa, manchmal aber auch nur Lichtspielereien wie zum Beispiel gefilmtes Silvesterfeuerwerk. Oft haben diese Bilder einen direkten Bezug zu Braunschweig oder zu der Jahreszeit, in der sie gezeigt werden. Auch der Eintracht, dem großartigsten Fußballverein der Welt, wurde hier natürlich schon gehuldigt. Das Schöne ist also, dass hier immer wieder Bezugspunkte zum aktuellen Geschehen hergestellt werden.

Und so ist man immer wieder gespannt, was dort diesmal gezeigt wird, wenn man am Hauptbahnhof ankommt. Die Videoinstallation ist auf jeden Fall eine gute Möglichkeit, sich die Zeit zu vertreiben, wenn man auf die Bahn oder den Bus wartet.

Adresse Willy-Brandt-Platz, 38102 Braunschweig | **ÖPNV** Straßenbahn M1, M5, 2, Bus M19, M29, 411, 420, 431, 436, 451, 461, 601, 602, 603, 620, 631, 730, Haltestelle Hauptbahnhof | **Tipp** »Drei Bäume für Deutschlands Einheit« finden Sie in der Gartenanlage Viewegs Garten gegenüber. Im Mittelpunkt der Installation: die Bronzeplastik »Stütze und Last« von Fritz Koenig.

60 Die Torhaus-Galerie

Ein Häuschen mit Garten

Die Torhäuser, die Teil der grandiosen von Peter Joseph Krahe entworfenen Braunschweiger Wallanlage waren, dienten bei ihrem Bau zu Anfang des 19. Jahrhunderts zur Erhebung von Zollgebühren, wurden diesbezüglich jedoch schon bald überflüssig, da das Herzogtum 1840 dem Deutschen Zollverein beitrat. Von den ursprünglich sieben Anlagen überlebten nur drei Krieg und Stadtplanung, darunter die am Wendentor und am Steintor.

Auch in der Humboldtstraße, am ehemaligen Fallersleber Tor, stehen sich zwei der Häuser gegenüber. Ihre Fassaden sind identisch, schön schlicht sehen sie aus, lenken also nicht von ihrer Funktion als Ausstellungsgebäude ab. Im rechten, von der Innenstadt aus gesehen, hat der Bund Bildender Künstlerinnen und Künstler sein Domizil, dem zum Beispiel Alexandra Funke, Bianca Höltje und Tobias Vergin angehören sowie Magnus Kleine-Tebbe (siehe Seite 100) und der alles überragende Ingo Lehnhof.

Doch die Torhaus-Galerie dient keinesfalls nur dazu, lokale Künstler zu fördern, sondern präsentiert ganz im Gegenteil auch Bildhauer, Maler, Zeichner, Fotografen, Designer, Grafiker und Performance-Künstler mit nationalem oder internationalem Renommee. Die Galerie ist dazu perfekt geeignet, da sie zum einen mit ihren zwei Stockwerken sehr übersichtlich ist, aber zum anderen ein sehr schönes Ambiente hat.

Und dann gibt's da noch den Garten, der manchmal ebenfalls für Ausstellungen genutzt wird. Dort sitzend kann man sich in Ruhe überlegen, ob man nicht doch gerade ein bisschen Geld über hat und ein paar hundert oder tausend Euro in eines der ausgestellten Werke investiert. Oder ob man sich einfach am TAT-O-MATEN vor der Galerie für fünf Euro ein bisschen Kunst zieht. Der TAT-O-MAT, der von der äußerst rührigen Ateliergemeinschaft Tatendrang-Design betrieben wird, ist auf jeden Fall eine witzige Idee – gerade weil er der Kunst seinen elitären Charakter nimmt.

Adresse Humboldtstraße 34, 38106 Braunschweig, www.bbk-bs.de | ÖPNV Straßenbahn M 3, Haltestelle Botanischer Garten | Öffnungszeiten Mi und Fr 15 – 18 Uhr, Do 15 – 20 Uhr, So 11 – 17 Uhr | Tipp Im Figurentheater Fadenschein, Bültenweg 95, kommen alle kleinen und großen Freunde des Puppenspiels auf ihre Kosten. Seit Jahren ein Renner: »Der Imbisskrieg« des (ehemaligen) Braunschweiger Kultautors Hartmut El Kurdi.

61 Veltenhof

Eine runde Sache

Das Braunschweiger Land war auch immer Einwanderungsland (siehe Seite 58). Das Dörfchen Veltenhof zum Beispiel – vermutlich um 500 nach Christus entstanden und erstmals 1007 urkundlich erwähnt – bestand jahrhundertelang nur aus einigen Bauernhäusern, bis 1749 Herzog Karl I. auf die Idee kam, Menschen aus der Pfalz hierher zu holen, um sie (vermeintlich) gewinnträchtigen Tabak und Wein anbauen zu lassen. Dieses Unternehmen war im Grunde genommen ein vollkommener Fehlschlag, doch es dauerte gut hundert Jahre, bis die Pfälzer aus Veltenhof dazu übergingen, lieber systematisch Spargel anzubauen – wofür der Boden ideal geeignet ist. Nicht umsonst erfreut sich das so schmackhafte wie entwässernde Gemüse einer großen Beliebtheit in Braunschweig, das ja bekanntlich an der Niedersächsischen Spargelstraße liegt.

1931 wurde Veltenhof eingemeindet, und nach dem Zweiten Weltkrieg verdoppelte sich durch ostdeutsche Flüchtlinge die Einwohnerzahl, sodass neue Wohngebiete dazukamen, deren Straßennamen an die Herkunftsorte der zweihundert Jahre zuvor eingewanderten Pfälzer erinnern. Heute gehören auch das Industriegebiet in der Hansestraße und der Braunschweiger Hafen am Mittellandkanal zum Stadtteil, wodurch sich das Aussehen des Ortes natürlich deutlich gewandelt hat. Ein Ruhepunkt in Veltenhof ist jedoch die 1876 gebaute Holländermühle, die seit 1930 als evangelisch-reformierte Kirche genutzt wird (die Konfession, der die Pfälzer Migranten angehörten) und zum Wahrzeichen des Stadtteils wurde, das auch im Wappen des Ortsteils zu finden ist. Neben einem Pfälzer Löwen, natürlich.

Der beliebteste Einwanderer aus der Pfalz kam übrigens erst im Jahre 2003 nach Braunschweig: der Kult-Trainer der Eintracht, Torsten Lieberknecht, der in Bad Dürkheim geboren und in einem schönen Ort mit dem nicht so schönen Namen Haßloch aufgewachsen ist.

Adresse Pfälzerstraße 39, 38112 Braunschweig-Veltenhof, www.reformierte.de/unsere-kirchen/muehlenkirche/ | **ÖPNV** Bus 414, Haltestelle Wendener Weg | **Tipp** Der Wendenturm, Gifhorner Straße 140, war Teil der Verteidigungsanlage Braunschweiger Landwehr. Heute befindet sich in dem Gebäude ein Restaurant (www.restaurant-wendenturm.de).

62 Die Volkswagen-Halle

Das Ufo im Bürgerpark

Die Volkswagen-Halle wirkt wie ein Ufo, das in Braunschweig notlanden musste. Immerhin beweist das (für hiesige Verhältnisse) gigantische Gebäude, dass das 21. Jahrhundert Einzug in die beschauliche Welfenstadt gehalten hat. Und dass sie zu mehr taugt als zur Kulisse für Historienfilme und Mittelalterfeste. Man muss die Architektur des Gebäudes deshalb natürlich nicht lieben, denn ästhetische Kriterien scheinen bei der Planung der Halle keine größere Rolle gespielt zu haben. Der Zweck scheint hier die gestalterischen Mittel geheiligt zu haben.

Im September 2000 wurde sie eröffnet und hat bei Bühnenveranstaltungen eine Kapazität von bis zu 8.000 Besuchern – die jedoch selten ausgereizt wird. Seitdem finden hier Rock- und Klassik-Konzerte statt – manchmal auch beides gleichzeitig (zum Beispiel beim alljährlichen »Pop meets Classic«, dessen künstlerischer Leiter der Jazzkantinenchef Christian Eitner ist). Und auch wenn die Braunschweiger ihre Halle vielleicht nicht lieben, nutzen sie sie immerhin eifrig, zum Beispiel für das Reitturnier Löwen Classics und andere sportliche Großveranstaltungen, von Hallenfußball und Handball über Tennis und Tanzen bis zu Wrestling und Boxen.

Auch die in der 1. Bundesliga spielenden Basketball Löwen Braunschweig – die lange Zeit unter dem Label New Yorker Phantoms firmierten – haben hier eine würdige Heimat gefunden. Internationale Bedeutung haben hingegen die inoffiziellen Breakdance-Weltmeisterschaften, das Battle of the Year, zu denen unter anderem Mannschaften aus Italien, Frankreich, Russland, den Niederlanden, den USA und Südkorea anreisen. Für einige wenige Tage darf sich Braunschweig damit als Mittelpunkt der weltweiten Jugendkultur fühlen.

Und ab und zu blickt sogar die Fernsehwelt auf Niedersachsens zweitgrößte Stadt – dann nämlich, wenn wieder einmal Carmen Nebel ihre Gäste willkommen heißt.

Adresse Europaplatz 1, 38100 Braunschweig-Innenstadt, www.volkswagenhalle-braunschweig.de | ÖPNV M 3, M 5, Haltestelle Europaplatz, M 19, Haltestelle Am Wassertor | Öffnungszeiten bei Veranstaltungen | Tipp Braunschweigs kreatives und mediales Zentrum ist das Artmax in der Frankfurter Straße 4. Dort können Sie auch gut essen: im Restaurant Tandure.

63 Wahre Liebe

Die Pilgerstätte für Fußballfans

Dass Eintracht Braunschweig der großartigste Fußballverein der Welt ist, muss man ja niemandem erklären. Jedenfalls niemandem, der aus Braunschweig ist. Der Verein wurde 1895 gegründet (ein Jahr vor Hannover 96!), hat also eine lange Tradition. 1967 war der bisherige Höhepunkt der Vereinsgeschichte – die Eintracht wurde Deutscher Meister. Mit den wenigsten geschossenen Toren in der Bundesliga-Geschichte überhaupt übrigens, aber auch mit den wenigsten kassierten – Catenaccio ist eine ostfälische Erfindung.

Das Goldene Zeitalter währte bis Ende der 70er Jahre, danach ging es eher bergab als bergauf. Das Erstaunliche ist, dass die Fans dem Verein trotzdem über all die Jahre treu geblieben sind. Daran konnte auch der Aufstieg des VfL Wolfsburg nichts ändern – der Emporkömmling aus der VW-Stadt wurde 2009 ebenfalls Deutscher Meister, doch in Braunschweig nahm man dies nur gelangweilt zur Kenntnis.

Das Schöne ist, dass »unsa Aantracht« seit einigen Jahren ein fulminantes Comeback feiert, dem Kult-Trainer Torsten Lieberknecht sei Dank. Der letzte Aufenthalt in der 1. Liga (2013/14) währte zwar nur ein Jahr, doch die Fans waren trotzdem begeistert und feierten ihr Team bis zum allerletzten Spieltag.

Eintracht weiß also, was sie an ihren Anhängern hat. Und so ist es kein Wunder, dass die Gaststätte auf dem Gelände des Stadions an der Hamburger Straße »Wahre Liebe« heißt. Und auch hier wird die Tradition hochgehalten. So sind in der Kneipe nicht nur einige Devotionalien aus der Vereinsgeschichte ausgestellt, sondern auch eine Sitzecke mit Bildern sowie das Klavier aus der legendären Kneipe »Zum gemütlichen Conni«, die einst am Neustadtring zu finden war. Ihr Inhaber Helmut »Conni« Eckleben ist zwar schon vor einigen Jahren gestorben, doch in den Herzen der Eintracht-Fans lebt er weiter. Wahre Liebe eben! Auf die nächste Aufstiegsfeier!

Adresse Hamburger Straße 210, 38112 Braunschweig, www.wahreliebe-bs.de | **ÖPNV** Straßenbahn M1, Bus 414, 454, 464, Haltestelle Stadion (Schwarzer Berg) | **Öffnungszeiten** Di–So ab 12 Uhr | **Tipp** Eintracht Braunschweig ist Kult, und der Besuch eines Spiels gehört zum Pflichtprogramm eines jeden »Braunschweiger Jung'« (und Mädchens). Wer echte Fanatmosphäre schnuppern will, sollte auch die »Fanmeile« in der Rheingoldstraße mit dem Fanhaus (auf dem Stadiongelände an der Südkurve) und den Spieltagskneipen besuchen.

64_Der Wasserfall

Kontemplation im Botanischen Garten

Der Botanische Garten ist stets beeindruckend – in welchem Maße ist abhängig von der Jahreszeit. Wobei sich ein Besuch eigentlich immer lohnt. Kein Wunder bei 4.000 Blütenpflanzenarten (also rund 1,5 Prozent der Weltflora), die hier zu bestaunen sind. Weltflora – das heißt auch, dass man hier die verschiedensten Klimazonen findet, sodass Heide-, Alpen- und Tropenpflanzen, Farne, Orchideen, Insektivoren und Mammutbäume nur wenige Meter voneinander entfernt wachsen. Nicht zu vergessen der Bauerngarten, die Streuobstwiese und die Anlage für die Sumpf- und Wasserpflanzen. Aber die Vielfalt allein ist es nicht, was den Reiz des Botanischen Gartens ausmacht.

Zwischen Innenstadt und Universitätsviertel gelegen, direkt an der Oker und erweitert um ein großes Gelände auf der anderen Seite der Humboldtstraße, in direkter Nachbarschaft zu zwei Torhäusern (von denen eines vom Botanischen Garten selbst genutzt wird) bietet er vor allen Dingen Ruhe und Stille – und die Möglichkeit, in eine andere Welt abzutauchen. Besonders geeignet dazu ist natürlich das Tropenhaus, in dem einmal im Jahr für zwei Nächte die Riesenseerose blüht. In dieser Zeit ist der Botanische Garten auch nachts geöffnet. Ein echtes Naturspektakel!

Weitere alljährliche Attraktionen sind der beliebte Markt der schönen Dinge, auf dem Goldschmiede, Tischler und Weberinnen ihre hochwertigen Erzeugnisse anbieten sowie der Großflohmarkt im Frühjahr, dessen Erlöse dem Botanischen Garten zugutekommen.

Am schönsten ist aber vielleicht der Wasserfall in der künstlichen Schlucht, dessen Plätschern äußerst beruhigend wirkt. Hier sieht und hört man nichts von der schnöden Außenwelt. Hier bin ich Mensch, hier darf ich's sein. Und wenn der Garten abends schließt, geht man noch auf ein Hopfengetränk in eine der umliegenden Studentenkneipen. Dort gibt es die schönsten Pflanzen – die Bierblumen.

Adresse Humboldtstraße 2, 38106 Braunschweig, www.tu-braunschweig.de/ifp/garten | **ÖPNV** Straßenbahn M3, Haltestelle Botanischer Garten | **Öffnungszeiten** Mo–Fr 8–16 Uhr, Sa und So 9–16 Uhr, Gewächshäuser Di–Do 11–15.30 Uhr, Sa und So 13–15 Uhr | **Tipp** Nach dem Besuch des Botanischen Gartens werden Sie sicherlich Hunger bekommen haben. Im Troja im Bültenweg 6 können Sie gut und preiswert türkisch essen.

65_Die Welfengruft

Ein Überbleibsel aus dunkler Zeit

Der Welfe Heinrich der Löwe gilt bis heute als Braunschweigs größter Staatsmann, denn der Herzog von Sachsen und Bayern führte ein kriegerisches Leben und raufte sich gerne mit anderen Fürsten (allen voran den Staufern). Nun ja, das hat ihm alles nicht viel gebracht – am Ende seines Lebens war Heinrich entmachtet und seiner wichtigsten Titel entledigt. Der am Welfenhof lebende Chronist Arnold von Lübeck kommentierte das so: »Er hat durch all seine Arbeit, die er unter der Sonne gehabt hatte, nichts erreicht als ein recht sehenswertes Grab, in welchem er mit seiner Gemahlin Mechthilde in der Kirche des Heiligen Bischofs und Märtyrers Blasius beigesetzt wurde.« Dieses Grab gibt es noch heute.

Die Nazis versuchten das Andenken an den Welfenherzog für ihre Zwecke zu nutzen. Seine Feldzüge gegen die Slawen interpretierten sie daher als »Ausweitung des deutschen Lebensraumes nach Osten«, weshalb sie die im Landesbesitz befindliche Kirche St. Blasii (im Volksmund von jeher »Dom« genannt) zur »Wallfahrts- und Weihestätte der Nation« ausbauten und die Kirchengemeinde vor die Tür setzten.

Statt Gott und dem Christentum wurde im »Staatsdom« nun Heinrich dem Löwen und dem Nationalsozialismus gehuldigt. Wandgemälde mit Titeln wie »Heinrich der Löwe als Führer und Sieger« und »Zug der Soldaten nach Osten« verdeutlichten die Sicht der Nazis auf ihren vermeintlichen Ahnherrn.

Noch heute kann man sich ein Bild davon machen, wie es damals hier aussah. Unter der eigentlichen Krypta gruben die Nazis nämlich eine beachtliche Gruft für Heinrich und Mathilde. An den vier Seiten des fast quadratischen Raumes sind die Wappen von Braunschweig und von drei der Städte zu sehen, die Heinrich gegründet hat: München, Lübeck und Lüneburg. Und über dem Eingang weist ein von Arno Breker – Hitlers Lieblingsbildhauer – gestalteter Löwenkopf den Weg.

Adresse Domplatz, 38100 Braunschweig-Innenstadt, www.braunschweigerdom.de | **ÖPNV** Straßenbahn M1, M3, 2, 4, Bus 230, 411, 413, 416, 418, 420, 422, 443, 450, 480, 560, Haltestelle Rathaus | **Öffnungszeiten** Mo–So 10–17 Uhr, zwischen Anfang Jan. und Mitte März ist der Dom von 13–15 Uhr geschlossen | **Tipp** Der Jurist Fritz Bauer, der die Anklageerhebung im Auschwitz-Prozess leitete, war Direktor des Landgerichts in Braunschweig. An das Gebäude der Staatsanwaltschaft am heutigen Fritz-Bauer-Platz hat er den ersten Absatz des Artikels 1 des Grundgesetzes meißeln lassen: »Die Würde des Menschen ist unantastbar. Sie zu schützen ist Verpflichtung aller staatlichen Gewalt.«

66 Der Zentral-Campus

Die Heimat der Braunschweiger Schule

»Bauen, als wenn man schwebt« – so lautete das Motto der Braunschweiger Schule. Kritiker bestätigten dies und bezeichneten sie als reichlich abgehoben. Fakt ist, dass es 1945 einen starken Einschnitt in der Architekturlehre gab. Die Stunde Null erforderte, dass sich auch die Architekten mit dem Dritten Reich und dessen Ästhetik auseinandersetzten. Dieter Oesterlen, der mit Friedrich Wilhelm Kraemer und Walter Henn das Triumvirat der Architekturlehre an der Technischen Universität in Braunschweig bildete, drückte das so aus: »[Wir waren glücklich über die] Befreiung von der realistischen Blut- und Bodentümelei beziehungsweise von dem staatsrepräsentierenden 34sten Aufguß eines fadenscheinigen Klassizismus ... und arbeiteten in einem – nennen wir es – abstrakten Kubismus.«

Mit anderen Worten: Die Braunschweiger Schule bemühte sich um einen rationalen und funktionalen Gegenentwurf zum historisierenden Heimatschutzstil, wie er in den zwölf Jahren zuvor verwirklicht worden war. Ein sicherlich sehr löbliches Unterfangen, das allerdings auch Widerspruch hervorrief. Die Architekten der Braunschweiger Schule, hieß es, hätten zu wenig darauf geachtet, ob und wie ihre Bauten in die jeweilige Nachbarschaft und in den städtebaulichen Gesamtplan passen. Ein Vorwurf, der vielleicht wirklich nicht völlig von der Hand zu weisen ist.

Am Zentralcampus der Technischen Universität kann man sich ein eigenes Bild davon machen. Der 1877 eingeweihte, von Constantin Uhde errichtete Altbau bildet nämlich einen scharfen Kontrast zu dem gegenüberliegenden Gebäudeensemble, das aus dem Forumsgebäude, dem Auditorium maximum und der Universitätsbibliothek besteht. Auch der Übergang vom Alt- zum Neubau (das sogenannte Okerhochhaus) ist, wie man sieht, nicht ganz ohne Reiz. Alle diese von Oesterlen und Kraemer geplanten Gebäude stehen daher unter Denkmalschutz.

Adresse Pockelsstraße, 38106 Braunschweig | **ÖPNV** Bus M 19, M 29, 433, Haltestelle Pockelsstraße | **Tipp** Wie es sich für jemanden gehört, der sich große Verdienste bei der Vermessung der Welt erworben hat, wurde dem Braunschweiger Mathematiker, Astronomen und Physiker Carl Friedrich Gauß gleich ein ganzer Berg (na ja, Hügel) samt Denkmal gewidmet: der Gaußberg am Inselwall, westlich des Campus gelegen.

67 Das Mühlenmuseum

Wo der Wind weht

Der Ort mit den meisten Mühlen im Braunschweiger Land? Ach was, in ganz Niedersachsen? Gifhorn! Beziehungsweise das dortige Mühlenmuseum, das sich stolz das Attribut »internationales« zugelegt hat. Und das völlig zu Recht, denn auf dem 16 Hektar großen Gelände stehen 16 Mühlen, die entweder hierher versetzt worden sind oder originalgetreu nachgebaut wurden – aus zwölf verschiedenen Ländern (und von zwei Kontinenten). Da hätten wir zum Beispiel eine deutsche Bockwindmühle, eine ukrainische Windmühle, eine ungarische Schiffsmühle, eine taiwanesische Wassertretmühle und eine koreanische Wassermühle. Nicht zu vergessen die 800 Quadratmeter große Ausstellungshalle mit ihren Mühlenmodellen: zum Beispiel eine holländische Wippmühle, eine finnische Kreisflügelmühle, eine persische Ölmühle und eine bessarabische Pfahlmühle. Auch einige Berühmtheiten wurden nachgebaut, darunter die von Rembrandt gemalte Bockwindmühle in Leiden, die Windmühle am Pariser Montmartre und Don Quichottes Windmühle aus La Mancha.

Doch das ist immer noch nicht alles, denn zu den Attraktionen dieses einzigartigen Museums gehören auch der Dorfplatz mit seinen Fachwerkhäusern sowie der Nachbau einer russischen Stabholzkirche. In der 1995 durch den Moskauer Patriarchen Aleksij II. geweihten Kirche werden tatsächlich orthodoxe Gottesdienste abgehalten. Aber natürlich kann sie auch von innen besichtigt werden – leider nur gegen einen Aufpreis. Dafür gibt es dort eine schöne Ausstellung mit Ikonen, Leuchtern, Gewändern und Bibeln zu sehen.

Dieses Museum muss man wirklich gesehen haben! Hier kann man auch seine ansonsten wenig museumsbegeisterten Sprösslinge bedenkenlos mitnehmen. Nicht zuletzt deshalb, weil das Gelände wirklich sehr weitläufig ist – was aber bedeutet, dass man (das gilt natürlich für alle Freilichtmuseen) halbwegs gutes Wetter abwarten sollte, um es zu besuchen.

Adresse Bromer Straße 2, 38518 Gifhorn, www.muehlenmuseum.de | ÖPNV ab Bahnhof Gifhorn-Stadt mit Bus 100, Haltestelle Gifhorn Mühlenmuseum oder mit Bus 170, Haltestelle Isetal | Anfahrt A 4 Richtung Gifhorn, in Gifhorn auf die B 188 | Öffnungszeiten 15. März–Okt. täglich 10–18 Uhr, Nov. nur für Gruppen nach Vereinbarung, Dez.–14. März geschlossen | Tipp Sie müssen noch nicht einmal den Parkplatz wechseln, um den prächtigen Glockenpalast, in dem das Europäische Kunsthandwerker-Institut untergebracht ist, zu besuchen (www.glockenpalast.de).

68 Das Otter-Zentrum

Hier bin ich Otter, hier darf ich sein

Tierparks gibt es ja einige in Braunschweig und Umgebung. Einer der schönsten ist in Hankensbüttel zu finden. Das sechs Hektar große idyllische Gelände liegt direkt am Isenhagener See. Nun mag man meinen, dass die Tierhaltung dort ein bisschen einseitig ist, weil sich die Betreiber auf Fischotter und andere Marder spezialisiert haben. Doch das ist insofern falsch, als man sich bemüht, sämtliche Lebensräume dieser Tiere so echt und artgerecht wie nur möglich nachzuahmen. So gibt es dort neben Teichen, Bächen (mit der Möglichkeit, die Tiere unter Wasser zu beobachten) und einem Wasserfall auch einen Hügel mit einem 17 Meter langen Tunnel sowie eine Steinmarder-Scheune, einen Iltis-Schuppen und einen Otterhund-Zwinger. Nicht zu vergessen: das weltweit einzige Freigehege für Hermeline (Mensch, sind die niedlich!) und ein Baumweg in dreieinhalb Meter Höhe. Man lernt hier viel, zum Beispiel, dass Marder nicht zu den Nagetieren gehören, sondern zu den Hundeartigen, wodurch sie eng mit den Stinktieren verwandt sind.

Sümpfe, Wälder, Hecken und Dörfer – Marder sind zwar äußerst anpassungsfähig, zählen aber trotzdem zu den gefährdeten Tierarten, sodass es gut passt, dass das Otter-Zentrum nicht nur ein touristisches Ausflugsziel, sondern auch eine Forschungsstation ist und sich für den Schutz von Biotopen für freilebende Otter einsetzt. Das ist auch einer der Gründe, warum es gerade in Niedersachsen wieder vermehrt Fischotter gibt.

Und genau deshalb ist dieser Tierpark ein Tipp für einen Besuch mit Kindern. Weil hier niemand ein schlechtes Gewissen haben muss, wenn er diesen »Zoo« besucht. Die Tiere haben es gut, denn sie haben genügend Platz und jede Menge Auslauf. Stress ist hier ein Fremdwort.

Und auch wenn Hankensbüttel, von Braunschweig aus gesehen, nicht ganz nah ist: Mit dem Auto ist man in einer Stunde da – mitten im Otter-Reservat!

Adresse Sudendorfallee 1, 29386 Hankensbüttel, www.otterzentrum.de | ÖPNV Zug bis Wittingen, von dort mit Bus 120, Haltestelle Hankensbüttel Schulzentrum | Anfahrt B 4, dann auf die B 244 Richtung Hankensbüttel, dort den Hinweisschildern folgen | Öffnungszeiten Winterzeit 9.30 – 17 Uhr, Sommerzeit 9.30 – 18 Uhr | Tipp Ähnliches Thema, aber doch ganz anders aufbereitet: Das Jagdmuseum Wulff finden Sie in Oerrel in der Hässelmühler Straße 28 (www.jagdmuseum-wulff.de).

69_Die Altstadt

Ruhm vergangener Tage

Heutzutage gilt Helmstedt als ein wenig verschlafen. Dabei hat der Ort eine durchaus interessante Vergangenheit als Hanse- und Universitätsstadt vorzuweisen. 400 (Fachwerk-)Häuser künden noch heute von diesen glorreichen Zeiten. Der Ursprung des Ortes war das Kloster St. Ludgeri, ein Ableger des Klosters Essen. 952 wurde Helmstedt erstmals urkundlich erwähnt als »Helmonstede«, seit mindestens 1247 besaß der Ort Stadtrecht. Aufgrund seiner günstigen Lage als Verkehrsknotenpunkt zwischen Braunschweig, Lüneburg, Halberstadt und Magdeburg entwickelte sich die Stadt schon bald zu einem wichtigen Handelsplatz.

Noch mal an Bedeutung gewann Helmstedt 1576 durch die Gründung der Universität Academia Julia. Der Stifter Herzog Julius ließ hier auch gleich seinen Sohn Heinrich Julius studieren und ernannte ihn später selbstlos zum ersten Rektor. Besondere Bedeutung hatte die Hochschule für die in der frühen Neuzeit grassierenden Hexenprozesse, in denen oft Gutachten aus Helmstedt angefordert wurden. Für die Angeklagten nicht immer zu ihrem Besten, denn die Universität galt als Hardliner in diesen Dingen. Allerdings lehrte hier immerhin auch Giordano Bruno, ein Anhänger Kopernikus', der seine Ansichten später mit dem Tod auf dem Scheiterhaufen bezahlen musste. Die ehemaligen Universitätsbauten – darunter das berühmte Juleum – befinden sich in der Innenstadt am Collegienplatz.

Um die 400 Professoren und 45.000 Studenten verschlug es insgesamt an die Helmstedter Hochschule; zu den prominenten Absolventen gehörten neben Herzog Anton Ulrich auch das Jahrhundertgenie Carl Friedrich Gauß sowie der Schriftsteller Johann Heinrich Campe. Nicht zu vergessen: Anton Willem Amo, der erste schwarzafrikanische Student in ganz Europa! Jérôme Bonaparte, der Herrscher des Königreichs Westfalen, bekleckerte sich also nicht gerade mit Ruhm, als er die Universität 1810 schloss.

Adresse Markt, 38350 Helmstedt, www.stadt-helmstedt.de | **ÖPNV** vom Bahnhof zu Fuß in die Stadt oder mit Bus 391, Haltestelle Markt | **Anfahrt** A 2 Richtung Berlin oder B 1 Richtung Helmstedt | **Tipp** Seit 1815, also seit zweihundert Jahren, gibt es in Helmstedt ein stehendes Theater. Das Brunnentheater in Bad Helmstedt, Brunnenweg 7, setzt diese große Tradition fort.

70 Die Lübbensteine

Die ältesten Bauwerke im Land

Hünengräber – man fragt sich unwillkürlich, was das für Menschen waren, die diese Anlagen geschaffen haben. Ohne unsere heutige Technologie! Also ohne Maschinen in Anspruch nehmen zu können, in echter Handarbeit. Und natürlich fragt man sich auch, wozu sie dienten. Als Gräber natürlich, so weit sind sich die Wissenschaftler einig, aber vermutlich wurden einige von ihnen auch für religiöse Zeremonien genutzt, wahrscheinlich im Rahmen eines Totenkultes. Dass diese Anlagen mit ihren tonnenschweren Steinen nicht als Wohnhäuser oder Wehranlagen dienten, sondern eben als Grabstellen, zeigt, wie viele Gedanken sich die Menschen damals schon um ihr Leben, ihren Tod und ihre Stellung im Universum machten.

Die Hünengräber entstanden in der Jungsteinzeit um 3500 vor Christus, als die Jäger und Sammler ihr Nomadendasein aufgaben und zu Viehzüchtern und Bauern wurden. Überall in Norddeutschland und Skandinavien findet man diese Anlagen, auch im Braunschweiger Land. Sie sind damit die ältesten Bauwerke in der Region!

Umso schlimmer, dass viele von ihnen zerstört wurden, hauptsächlich für Kirchen-, Hafen- und Straßenbauten und durch Bauern, die Platz brauchten für ihre Äcker. Heute gibt es in Deutschland nur noch 900 Anlagen, was wohl nicht mehr als 15 Prozent sind von allen, die es einmal gab. Allein im Landkreis Uelzen wurden im Laufe der Jahrzehnte über 200 (nach einer Zählung aus dem Jahre 1846) zerstört! Dass die Lübbensteine noch erhalten sind, ist der Helmstedter Universität zu verdanken, deren Professoren verhinderten, dass die Steine als Baumaterial missbraucht wurden. Um 1700 wurden hier erste Ausgrabungen im archäologischen Sinne durchgeführt. Von der nördlichen Anlage waren noch 41 von ehemals 46 Steinen vorhanden, die südliche war wesentlich unvollständiger. Trotzdem sind die Ganggräber noch gut zu erkennen und lieferten der Wissenschaft wertvolle Erkenntnisse.

Adresse An den Lübbensteinen, 38350 Helmstedt | Anfahrt B 1 Richtung Helmstedt, kurz vor Helmstedt Hinweisschild nach links folgen | Tipp Weitere Großsteingräber finden Sie bei Groß Steinum und bei Süpplingenburg.

71__Der Urnenhain im Lappwald

Hier möchte man beerdigt sein

Wo möchte man dereinst begraben sein? Oder wo möchte man Verstorbenen gedenken? Früher war ein Grab auf dem Friedhof der Standard: ein Loch im Boden, auf dem eine kleine Grünfläche angelegt wird, darauf ein großer behauener Stein mit dem Namen, dem Geburts- und Sterbedatum und einem Bibelspruch darauf. Heutzutage scheint – zumindest partiell – ein gewisser Sinneswandel stattzufinden. Viele Menschen wollen anscheinend nicht mehr, dass nach ihrem Tod ihre Hinterbliebenen damit belastet werden, ihre Gräber zu pflegen. Allein die Vorstellung, dass sich später die Familienmitglieder darum streiten, wer nun wieder zu Opas Grab muss, um die Blumen zu gießen …

Nein, das muss nicht sein, denken sich immer mehr Menschen und wollen lieber in Parks oder Wäldern ihre letzte Ruhe finden: in der Natur, unter Bäumen, an einem stillen, aber schönen Ort, an dem die Angehörigen ungestört ihren Gedanken nachhängen und sich an das gemeinsame Leben erinnern können. Eine Möglichkeit dazu ist der Urnenhain im Brunnental im Naturpark Elm-Lappwald, auf dessen 470 Quadratkilometern 800 Pflanzenarten leben, von denen viele als gefährdet gelten. Zum Naturpark gehört auch das idyllische Reitlingstal im Elm, das wiederum nicht nur als der größte, sondern auch als der schönste Buchenwald Norddeutschlands gilt. Unter dem Kronendach wird man dort beigesetzt (um die Wurzeln der Bäume nicht zu beschädigen) – seinen persönlichen Lieblingsplatz kann man schon zu Lebzeiten erwerben.

Wer im Urnenhain spazieren geht, wird feststellen, dass die Grabstellen auch hier keineswegs anonym oder unpersönlich sind, denn oft sind doch kleine Erinnerungsstücke niedergelegt, erinnern bestimmte Pflanzen an den verstorbenen Menschen und seine Vorlieben.

Adresse Brunnenweg 2, 38350 Helmstedt, www.waldbestattungs-gmbh-lappwald.de | **Anfahrt** A 2 bis Ausfahrt Helmstedt-Zentrum, von dort nach Bad Helmstedt, dort links abbiegen in den Brunnenweg | **Öffnungszeiten** täglich von 1,5 Stunden nach Sonnenaufgang bis 1,5 Stunden vor Sonnenuntergang | **Tipp** Unbedingt besuchen: das Naturschutzgebiet Lappwald mit seinen tollen Wanderwegen (www.elm-lappwald.de).

72 Die Ilseder Hütte

Friede der Hütte

Man könnte spöttisch behaupten, dass das Braunschweiger Land vielleicht nicht unbedingt als ein Industrierevier, sondern eher als Spargelanbaugebiet bekannt ist, aber auch in diesem Landstrich hat die industrielle Revolution ihre Spuren hinterlassen. So wurden zum Beispiel bei Ilsede Kohle- und Erzlagerstätten vermutet, zu deren Abbau die »Bergbau- und Hüttengesellschaft zu Peine« gegründet wurde, die jedoch schon wenige Jahre nach ihrer Gründung in den 50er Jahren des 19. Jahrhunderts Konkurs anmelden musste. Aus den Resten ging die »Aktiengesellschaft Ilseder Hütte« hervor, die 1861 die Produktion aufnehmen konnte und zur Überraschung aller sogar erfolgreich arbeitete. Bis zu 4.000 Menschen waren auf dem 45 Hektar großen Areal tätig. Erst 1978 wurde der Erzabbau endgültig eingestellt, fünf Jahre später auch der Hochofenbetrieb.

Heute befindet sich hier der Gewerbepark Ilseder Hütte, der ein Künstlerhaus, ein Hüttenbistro und einen Skulpturenpark umfasst, mit Kunstwerken, die aus Materialien gefertigt werden, die auf dem Gelände gefunden wurden. Und auch dadurch, dass im reizvollen Ambiente der ehemaligen Gebläsehalle und der Umformerstation Kulturveranstaltungen stattfinden, wird Industrie zu Kunst transformiert, also aus den Gegebenheiten das Beste gemacht.

Der beeindruckende Kugelwasserturm, die historische Diesellok und das neu angelegte Arboretum vervollständigen diese Symbiose, sodass sich Künstler, Handwerker, Start-up-Unternehmer, Veranstaltungsbesucher und Seminarteilnehmer (unter anderem hat hier die Kreisvolkshochschule Peine eine Zweigstelle eingerichtet) hier wirklich wohlfühlen können. Und natürlich die Gäste, die dieses vielschichtige Industriedenkmal besichtigen möchten, um einen wichtigen Teil der lokalen Geschichte kennenzulernen – und zu sehen, wie sich unsere Gesellschaft, die Art, wie wir leben und wie wir arbeiten, gerade ändert.

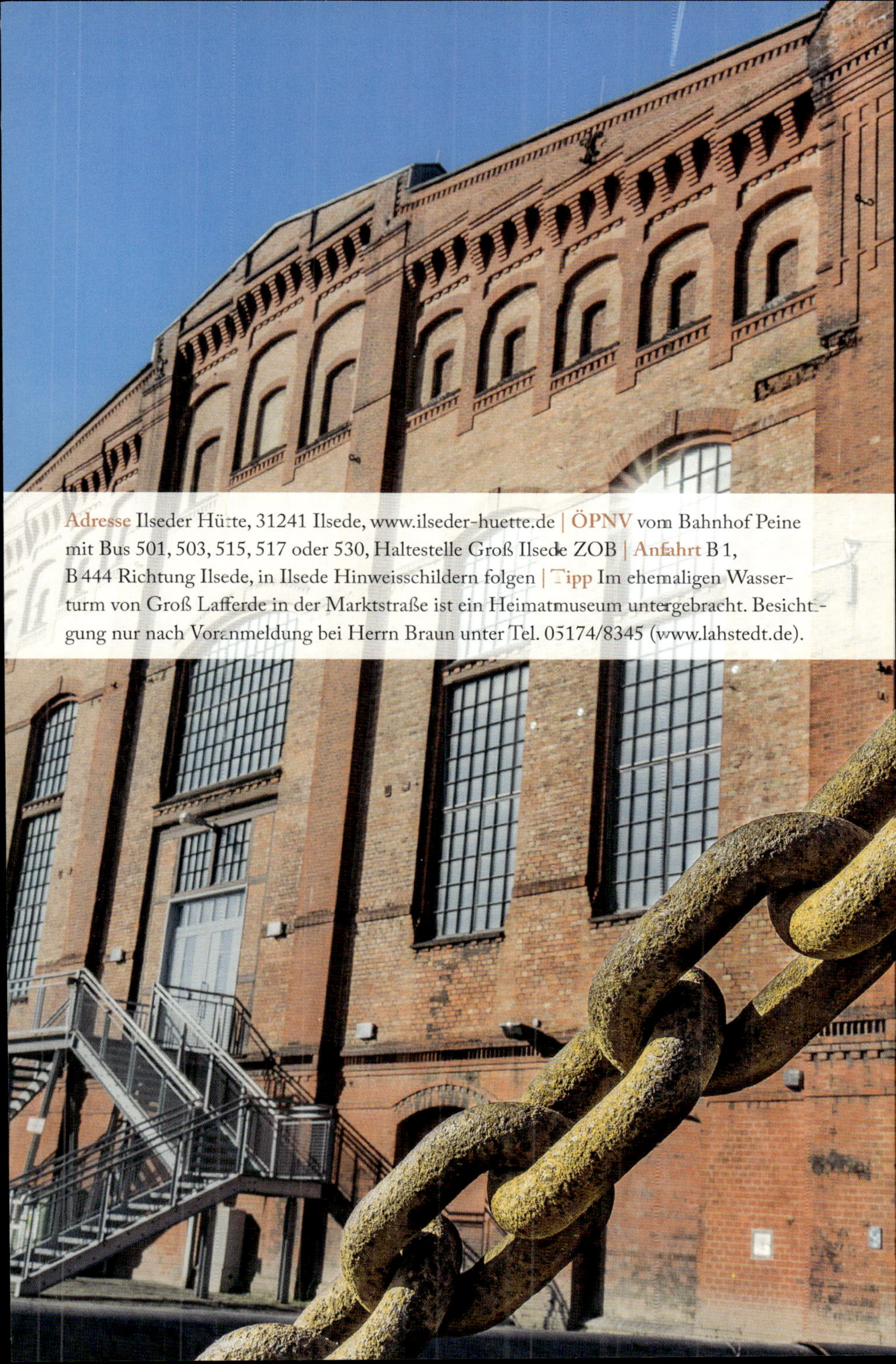

Adresse Ilseder Hütte, 31241 Ilsede, www.ilseder-huette.de | **ÖPNV** vom Bahnhof Peine mit Bus 501, 503, 515, 517 oder 530, Haltestelle Groß Ilsede ZOB | **Anfahrt** B 1, B 444 Richtung Ilsede, in Ilsede Hinweisschildern folgen | **Tipp** Im ehemaligen Wasserturm von Groß Lafferde in der Marktstraße ist ein Heimatmuseum untergebracht. Besichtigung nur nach Voranmeldung bei Herrn Braun unter Tel. 05174/8345 (www.lahstedt.de).

73 Der Tankumsee

Südfranzösische Atmosphäre in Norddeutschland

Tankum leitet sich ab von dem uralten Wort Tankl / Tang und bedeutet Alge oder Moor. Damit tut man dem Tankumsee aber Unrecht, denn veralgt oder moderig ist er keineswegs – vielmehr zeichnet er sich durch einen wunderschönen, einen Kilometer langen Sandstrand aus, an dem es sich prächtig (sonnen)baden lässt. Die Flurbezeichnung Tankum ist auch schon viel älter und hängt wohl damit zusammen, dass der Tankumsee im Barnbruch liegt, einem Feuchtgebiet im Aller-Urstromtal.

Verglichen damit ist der See sehr jung. Entstanden ist er um 1970 – wie viele Gewässer im Braunschweiger Land – beim Bau des Elbeseitenkanals, der in diesem Bereich auf einem Damm verläuft. 1976 wurde er als Badesee eingeweiht. Mit seinen 62 Hektar (Länge: 1,2 Kilometer, Breite: 800 Meter) ist er aber keineswegs ein Tümpel, sondern schon eher ein veritabler See, der bis zu 18 Meter tief ist.

Der Tankumsee darf sich heute rühmen, eines der wichtigsten Naherholungsgebiete in der Gegend zu sein, was auch daran liegt, dass er von Wolfsburg, Gifhorn und Braunschweig aus sehr gut zu erreichen ist. Und daran, dass es hier ein wirklich umfassendes Freizeitangebot gibt. Besonders beliebt ist die Wasserrutsche, aber auch Tretboot fahren kann man, segeln, surfen, tauchen, wandern, angeln, Minigolf und Tennis spielen sowie Ballon und Rad fahren. Nicht zu vergessen der Kletterparcours, für alle, die nach Höherem streben. Last but not least ist er – im Gegensatz zu vielen anderen Baggerseen – auch für Kleinkinder sehr geeignet, dem blanken Sandstrand sei Dank.

Da bietet es sich ja fast an, gleich länger hierzubleiben, denn statt nach Mallorca oder an die Riviera zu fliegen, kann man ja auch hier seinen Jahresurlaub verbringen. Ein Hotel und ein Campingplatz machen es möglich. Zudem der Tankumsee durch seine zentrale Lage jede Menge Ausflugsmöglichkeiten für jede Altersstufe bietet.

Adresse Dannenbütteler Weg, 38550 Isenbüttel | **Anfahrt** B 4 Richtung Gifhorn, abbiegen nach Isenbüttel, dort Hinweisschildern folgen | **Tipp** In nur zwölf Kilometer Entfernung (in der Nähe von Sassenburg) befindet sich mit dem Bernsteinsee der kleinere Bruder des Tankumsees, der mit der Kartbahn und der Wakeboard-Anlage einige ganz besondere Attraktionen aufweisen kann (www.bernsteinsee.de).

74_Das Geopark-Infozentrum

Stein im Brett

Steine sind normalerweise nicht das, was die Menschen am meisten interessiert. Denn Steine liegen einfach nur herum und machen gar nichts. Aber das stimmt natürlich nicht, denn sie sind Teil der sogenannten Naturgeschichte, die wir bloß normalerweise einfach nicht wahrnehmen, weil sie so langsam vonstattengeht.

Um mehr über sie zu erfahren und darüber, wie das Vorhandensein von Rohstoffen sowie die Beschaffenheit von Böden den Landbau beeinflussen (und damit auch die Geschichte der Menschheit), gibt es die Geoparks. Der größte in Europa beginnt bei Braunschweig und Wolfsburg und schließt den Harzraum mit ein. »Geopark Harz. Braunschweiger Land. Ostfalen« heißt er und soll »Fenster in die Erdgeschichte« öffnen, wie es in der Eigenwerbung heißt. Dazu gehören unter anderem der Geopfad am Klieversberg in Wolfsburg, der Geologie-Natur-Erlebnispfad Heeseberg, der Steinbruch am Markmorgen bei Evessen, der Geopfad Reitlingstal und der Geopfad Velpker Schweiz. Eingebunden sind unter anderem aber auch das Naturhistorische Museum in Braunschweig, das Städtische Museum Schloss Salder und die Kaiserpfalz Werla sowie die Schauhöhlen (zum Beispiel die Einhornhöhle bei Herzberg) und die Besucherbergwerke im Harz (Pflicht: der Rammelsberg in Goslar).

Eine bunte Mischung also. Um sich einen Überblick über den Geopark zu verschaffen, gibt es in Königslutter das Informationszentrum – das tatsächlich zu gefallen weiß, denn manche der Steine, Mineralien und Fossilien wirken fast wie Gemälde oder Skulpturen. Fotos von den Fundorten und ein kleines Aquarium (unter anderem mit einem Lungenfisch und einem Axolotl) runden die Ausstellung ab. Der Rundgang beginnt übrigens im Keller, einem Gewölbe aus Duckstein, nach dem das bekannte Bier benannt worden ist, weil es in eben solchen Kellern gelagert wurde.

Adresse An der Stadtkirche 1, 38154 Königslutter, http://femo-online.jimdo.com/ | **ÖPNV** ab Bahnhof Königslutter entweder zu Fuß in die Stadt (Ausschilderung folgen) oder mit Bus 390, Haltestelle Am Markt | **Anfahrt** B 1 bis Königslutter, dort Ausschilderung folgen | **Öffnungszeiten** Di – So 13 – 16 Uhr | **Tipp** Wo Sie schon mal in der Altstadt von Königslutter sind, sollten Sie sich die auch unbedingt anschauen! Zumal es hier eine schöne Kirche mit einem noch schöneren Namen gibt: die Stadtkirche St. Sebastian und Fabian (www.kirche-koenigslutter.de).

75 Der Kaiserdom

Die Vergangenheit der Zukunft

In Königslutter am Bahnhof angekommen, geht man am besten einfach geradeaus am Park vorbei Richtung Innenstadt und dann immer weiter bergauf. Am höchsten Punkt des Ortes findet man den Kaiserdom, die Stiftskirche St. Peter und Paul, die einst der größte Kirchenbau nördlich des Harzes war. Kaiser Lothar III. hat ihn sich als Grablege für sich und seine Familie gegönnt. Beziehungsweise den Benediktinern, denen er auf diese Weise eine neue Klosterkirche spendierte. 1135 war das, aber es dauerte fast 40 Jahre, bis der Bau unter Heinrich dem Löwen vollendet wurde.

Noch heute imponiert das romanische Gebäude aus Elmkalkstein. Schlicht ist es, aber auch wuchtig – ein Ausdruck von Macht und Stärke. Von innen ist es noch beeindruckender. Prächtige Wandmalereien mit Drachen, Greifen und Engeln wissen zu gefallen, aber insbesondere das monumentale Gewölbe lässt einen nachdenklich werden. Wie haben die Menschen damals solche Gebäude errichtet? Mit ihren doch verhältnismäßig einfachen technischen Möglichkeiten?

Wenn man sich dann auf eine der Kirchenbänke setzt, stellt man fest, dass es hier absolut still ist, kein Laut dringt von außen herein. Hier ist der Mensch mit sich allein – und mit Gott, falls er an einen solchen glaubt. Man kann sich gut vorstellen, dass Königslutter mal ein Wallfahrtsort war, in den Gläubige aus ganz Norddeutschland, dem Rheinland und Thüringen pilgerten – bis die Kirche während der Reformation lutherisch wurde und Schluss war mit diesem einträglichen Geschäft.

Wenn man den anderen Weg zum Bahnhof geht, am Rathaus vorbei, kommt man irgendwann an einer schmucklosen Moschee vorbei. So ändern sich die Zeiten, auch in Königslutter. Wirkliche Glaubenskämpfe finden hier aber wohl nur zwischen den Fans von Eintracht Braunschweig und dem VfL Wolfsburg statt. Mithilfe von Aufklebern und Sprühereien.

Adresse Vor dem Kaiserdom, 38154 Königslutter, www.koenigslutter-kaiserdom.de | **ÖPNV** ab Königslutter Hauptbahnhof mit Bus 280, Haltestelle Kaiserdom | **Anfahrt** B 1 bis Königslutter, dort Ausschilderung folgen | **Öffnungszeiten** April – Okt. täglich 9 – 18 Uhr, Nov. – März 9 – 17 Uhr, öffentliche Führungen April – Okt. Sa und So 14 Uhr und Nov. – März So 14 Uhr | **Tipp** Nur wenige Gehminuten entfernt finden Sie die Kaiser-Lothar-Linde, die angeblich eine der ältesten Linden Niedersachsens ist. Sie ist aber mit Sicherheit eine der dicksten. Der Durchmesser der Baumkrone beträgt 26 Meter.

76 Das Museum Mechanischer Musikinstrumente

Das klingt gut

Königslutter also. Man darf die Stadt nicht auf ihre stolze Geschichte reduzieren, denn Königslutter hat noch mehr zu bieten als alte Steine und Gebeine. Nämlich ein wirkliches Kleinod in Form eines Museums, das sich – im wahrsten Sinne des Wortes – im Schatten des Doms befindet: das Museum Mechanischer Musikinstrumente. Es ist aus einer privaten Sammlung entstanden und umfasst mehr als 250 Ausstellungsstücke, von denen die ältesten 250 Jahre alt sind. Leierkästen, Pianolas, Orchestrien, Grammophonautomaten, Plattenspielwerke, frühe Musikboxen und eine Stummfilmorgel – es ist einfach phänomenal, was es dort alles zu entdecken gibt. Zum Beispiel auch eine winzige Spieluhr von 1,5 mal 1,5 Zentimeter. Überhaupt ist es umwerfend, mit welchem Erfindungsreichtum die Konstrukteure vorgegangen sind, um den Menschen in Gastwirtschaften, auf den Straßen und in den Wohn- und Kinderzimmern Musik nahezubringen. Und das alles in liebevoller Handarbeit.

Die Ausstellung weckt eine geradezu kindliche Freude. Es empfiehlt sich unbedingt, eine Führung mitzumachen, weil man selbst die empfindlichen Geräte ja nur angucken, aber nicht abspielen darf. Aber genau das ist ja wichtig – dass man diese Instrumente hört, die Pfeifen, Banjos, Geigen und Trommeln, die dort eingebaut sind und mit Hilfe von Rollen und Platten und Stiften und Löchern zum Klingen gebracht werden. Ein Heidenspaß! Aber auch nicht unbedingt ein Hörgenuss im heutigen Sinne, denn mit Highfidelity hat das nicht immer etwas zu tun. Aber das macht auch nichts, denn wer jemals gesehen hat, wie ein Baby eine aufgezogene Spieluhr oder ein Windspiel anhimmelt, weiß, dass Musikhören auch ohne CD-Player, Computer und Zugang zum Internet und seinem grenzenlosen Musikangebot so schön sein kann!

Adresse Vor dem Kaiserdom 3–5, 38154 Königslutter, www.museen-koenigslutter.de | **ÖPNV** ab Bahnhof Königslutter mit Bus 280, Haltestelle Kaiserdom | **Anfahrt** B 1 bis Königslutter, dort Ausschilderung folgen | **Öffnungszeiten** Di–So 11–17 Uhr, Führungen Fr 15 Uhr, Sa und So 11.30 und 15 Uhr | **Tipp** Gleich hinter dem Dom können Sie sich selbst hören. Nämlich indem Sie Ihren Kopf in den wunderschönen Summstein stecken (der die Form eines Ohrs hat). Nach all den Musikinstrumenten sicherlich ein ganz anderes Hörerlebnis!

77 Der Tierpark Essehof

Kinderlachen und Eselsgeschrei

Was macht man am Wochenende in Braunschweig? Für Erwachsene stellt sich diese Frage meist gar nicht – sie wissen, worauf sie Lust haben. Kommen jedoch kleine Kinder ins Spiel, ist die Frage schon viel schwieriger zu beantworten. Nicht jedes Kind geht gerne in Museen – zudem diese, auch wenn sie sich darum bemühen, nicht immer ein ansprechendes Programm für unseren anspruchsvollen Nachwuchs haben. Andere lieben vielleicht Aktiv- oder Passivsport. Doch auch das ist unterschiedlich. Der eine läuft oder schwimmt gerne, der andere fährt lieber Fahrrad oder Schlittschuh. Dem Nächsten ist jede Form der körperlichen Betätigung ein Graus.

Alle Kinder lieben jedoch Tiere. Na ja, fast alle. Und so ist ein Besuch des Tierparks in Essehof eine sichere Bank. Hier wird jedes Kind auf seine Kosten kommen. Auch wenn die ganz großen Attraktionen fehlen, denn dieser kleine, sich in Familienbesitz befindliche Zoo kann keine Elefanten, Löwen oder Eisbären vorweisen, sondern beherbergt Zackelschafe, Frettchen, Hängebauchschweine und Alpakas. Luchse gibt es hier auch und sogar Flamingos, Zebras und Paviane. Was ihn jedoch wirklich auszeichnet, ist, dass er schön gestaltet ist – und dass man die Möglichkeit hat, einige der Gehege, zum Beispiel das für das Damwild, höchstpersönlich zu durchqueren. Nichts trennt den Besucher nun noch von den Tieren – besonders wenn er eine Futtertüte dabei hat. Am besten kommt aber bei den meisten Kindern der Streichelzoo an. Sie werden vermutlich Mühe haben, Ihre Kinder wieder aus diesem Bereich herauszubekommen, zumal die anwesenden Zicklein diese an den Jacken festhalten.

Der schönste Platz im Tierpark? Vielleicht die Teiche mit den Hängebrücken gleich hinter dem Eingangsbereich. Oder das Gehege für die Pampashasen, die zu den Meerschweinchen gehören, aber irgendwie – vielleicht aufgrund ihrer hopsenden Fortbewegungsart – an Kängurus erinnern.

Adresse Am Tierpark 3, 38165 Lehre-Essehof, www.zoo-bs.de | **ÖPNV** ab Weddel Bahnhof mit Bus 427, Haltestelle Essehof Im Altdorf | **Anfahrt** B 248 Richtung Wolfsburg, hinter Wendhausen rechts abbiegen nach Essehof, dort Hinweisschildern folgen | **Öffnungszeiten** 15. März – Sept. 9 – 19 Uhr (Einlass bis 17 Uhr), Okt. – 14. März 10 Uhr – Dämmerung (Einlass bis 16 Uhr) | **Tipp** Wenn Sie schon mal in der Nähe sind: Im Dorfmuseum Lehre, Neue Reihe 16, ist der Schädel des Schuntermanns ausgestellt.

78 Die Gedenkstätte Deutsche Teilung

Der wilde Osten fängt gleich hinter Helmstedt an

Nach dem Zweiten Weltkrieg rückte das Braunschweiger Land an den (Zonen-)Rand, denn hinter Helmstedt war die Welt zu Ende – beziehungsweise fing eine andere an: die Deutsche Demokratische Republik. Der größte Übergang war Helmstedt–Marienborn. Hatte man diese Hürde überwunden, konnte man auf der Transitstrecke, einer ruckeligen Autobahn A2, nach Berlin juckeln – und hoffen, nicht Opfer einer Geschwindigkeitskontrolle geworden zu sein.

35 Hektar groß war die »Grenzübergangsstelle« (GÜSt) auf ostdeutscher Seite, auf der zeitweise bis zu 1.000 Zöllner, Grenzsoldaten, Stasimitarbeiter und Zivilangestellte arbeiteten. Die Abfertigungsgebäude waren deutlich größer als nötig, sollten beeindrucken. »Operative Psychologie« nannte man das etwas großspurig. Das 60 Meter lange Band, mit dem die Pässe zur Kontrolle transportiert wurden, ist heute noch in dem Museum zu besichtigen. Die einzelnen Gebäude waren durch geheime unterirdische Tunnel miteinander verbunden.

Auf der Westseite machte man sich ebenfalls viele Gedanken über die Architektur des Grenzübergangs: Hier waren die Abfertigungsgebäude demonstrativ provisorisch gehalten – niemand sollte auf die Idee kommen, dass man die Demarkationslinie langfristig akzeptieren würde. Die Autofahrer, die im Stau standen, weil die ostdeutschen Beamten mal wieder besonders gründlich kontrollierten, hatten auf jeden Fall viel Zeit, sich Gedanken zu diesen Dingen zu machen. Und vielleicht bemerkten sie ja bei der Gelegenheit auch den einzigen Zebrastreifen in der deutschen Verkehrsgeschichte, der jemals über eine Autobahn geführt hat.

Die Gedenkstätte Deutsche Teilung Marienborn mit ihrem Informationszentrum kann heute von jedem Menschen besucht werden – ganz ohne lästige Pass- und Kofferraumkontrollen.

Adresse An der Bundesautobahn 2, 39365 Marienborn | Anfahrt A 2 Berlin, Raststätte Marienborn Süd abfahren | Öffnungszeiten Di – So 10 – 17 Uhr | Tipp Ergänzend zu dem Museum in Marienborn empfiehlt sich der Besuch des Zonengrenz-Museums in Helmstedt, Südertor 6 (www.helmstedt.de).

79 Das Rausch SchokoLand

Im Schokoladen-Rausch

Tradition und Moderne müssen keine Gegensätze sein. Der beste Beweis dafür ist die Firma Rausch. Sie wurde 1918 in Berlin gegründet. Die Confiserie stellte Pralinen, Schokoladen und Honigkuchen her, womit Wilhelm Rausch Junior in die Fußstapfen seines Vaters trat, der 1890 in Velbert im Rheinland seine erste Konditorei gegründet hatte – eine 125-jährige Tradition also. Seit 1982 unterhält Rausch auch eine Schokoladenfabrik in Peine, womit das Unternehmen in der Region angekommen wäre. So weit zur Tradition.

Nun zur Moderne. Vor einigen Jahren hatte Jürgen Rausch einen wochenlangen Krankenhausaufenthalt auszuhalten. Und damit hatte er genug Zeit, sich Gedanken zu machen: um sich und die Zukunft seines Familienbetriebs, den er immerhin in der dritten Generation führte. Der Schokoladenmarkt befand sich damals – und befindet sich immer noch – in einem rasanten Wandel. Viele Schokoladenfach- und Feinkostgeschäfte gingen ein, und die Weltmarktpreise für Kakao sind extrem spekulationsanfällig. Was also tun, um die Firma langfristig überlebensfähig zu machen?

Nun, Jürgen Rausch machte einen scharfen Schnitt. Er stellte den Schwerpunkt der Produktion auf die neue Marke »Plantagen-Schokolade« um – ein Luxusprodukt mit einem hohen Kakaoanteil, aber ohne Füllung. Den Kakao hierfür kauft er direkt in den Herkunftsländern bei den Herstellern ein, unter Umgehung von Zwischenhändlern – und zu einem deutlich höheren Preis, als er auf dem Weltmarkt üblich ist.

Rausch hatte mit diesem Konzept den richtigen Riecher. Mittlerweile wird die »Plantagen-Schokolade« in fast 30 Ländern verkauft, sogar in Ostasien nascht man inzwischen Rausch-Schokolade. Und Peine ist nunmehr die einzige Produktionsstätte. Hier ist man sich der Tradition bewusst – und feiert sie mit einem kleinen Schokoladenmuseum mit Schauproduktion, Werksverkauf und Schokoladenvulkan.

Adresse Wilhelm-Rausch-Straße 4, 31228 Peine-Stederdorf, www.rausch.de/#schokoland/home | ÖPNV von Peine Bahnhof mit Bus 525 bis Stederdorf Hesebergweg | Anfahrt A 2 Ausfahrt West oder Ausfahrt Ost; von dort ausgeschildert | Öffnungszeiten Mo–Fr 10–18 Uhr, Sa 10–16 Uhr, So 12–17 Uhr | Tipp Ein Kabarett-, Kleinkunst-, Kinder-, Laien- und Musiktheater, das auf dem ehemaligen Heuboden eines Fachwerkhauses untergebracht ist, finden Sie in dem zwischen Braunschweig und Peine gelegenen Örtchen Wendeburg-Meerdorf (Woltorfer Straße 16, www.teatr-dach.de).

80__Das Kinomuseum

Das muss man gesehen haben

Vollbüttel – ein Dorf mit ungefähr 600 Einwohnern, irgendwo im Niemandsland zwischen Gifhorn, Wolfsburg und Braunschweig. Wer bitte kommt auf die Idee, ausgerechnet hier ein Kinomuseum ins Leben zu rufen? Zudem das gesellschaftliche Leben in der Lüneburger Heide ansonsten eher von Schützen- und Sportvereinen sowie der Freiwilligen Feuerwehr gestaltet wird.

Seit 1997 gibt es hier in Vollbüttel das Kinomuseum, dessen Schwerpunkt auf den technischen Aspekten dieses Mediums liegt. Zur Dauerausstellung gehören daher Projektoren und Akkumulatoren, Tefifone und Magnetofone, Röhren-Verstärker und Tonlampen-Gleichrichter, Kameras und Dreiklang-Gongs … Wie aufwendig es doch war (und ist), Filme zu produzieren und zu projizieren! Weitere Schwerpunkte der Dauerausstellung sind die frühe Fernsehtechnik sowie Amateur- und Schulfilme. 3.000 Schmalfilme befinden sich mittlerweile im Besitz des Museums. Außerdem gibt es wechselnde Ausstellungen, die sich beispielsweise mit Tonbändern, Grammophonen, Wanderkinos und Animationsfilmen beschäftigen.

Dass der (einst) berühmte Stummfilmstar Carla Nielsen hier schon angemessen gewürdigt wurde, zeigt, dass die Filmkunst Thema des Museums ist. Dazu gehört auch das alljährliche Freilichtkino, in dem hauptsächlich Klassiker gezeigt werden, sei es »Immer Ärger mit Harry« oder »Ladykillers«, »Winnetou 1« oder »Star Trek IV«, »Tanz der Vampire« oder »Jumanji«. Aber auch ein norwegischer Puppenfilm wie »Hintertupfinger Grand Prix« darf es mal sein. Das Rahmenprogramm mit Vorfilm, Requisiten-Ausstellung, Konzert oder Kinderfest lässt Volksfeststimmung aufkommen. Wenn man dann noch bedenkt, dass auch Kurzfilm-Matineen, Foto- und Kunstausstellungen und Vorträge zum Programm gehören, wird deutlich, dass das Kinomuseum zu den echten Sehenswürdigkeiten hier in der Südheide zählt.

Adresse Raiffeisenstraße 11, 38551 Ribbesbüttel-Vollbüttel, www.kinomuseum.de | **Anfahrt** B 4, abbiegen nach Ribbesbüttel und Vollbüttel, dort Ausschilderung folgen | **Öffnungszeiten** So 14–18 Uhr | **Tipp** Nur zehn Jahre (1539–1549) hatte das winzige Herzogtum Gifhorn Bestand, dann fiel es an das Herzogtum Lüneburg zurück. Regiert wurde es vom Schloss Gifhorn, Schlossplatz 5, Gifhorn, aus (www.museen-gifhorn.de).

81 Die Burg Lichtenberg

Die Höhenburg

Viele Burgen in Deutschland dienten vor allem repräsentativen Zwecken. Auf Bergkuppen gelegen sollten sie vom Ruhm ihrer Besitzer künden. Bei der Burg Lichtenberg auf dem 241 Meter hohen Burgberg ist das anders. Diese in den Lichtenbergen des Salzgitter-Höhenzugs errichtete Höhenburg diente tatsächlich militärischen Zwecken, so wie man sich das gemeinhin vorstellt. Heinrich der Löwe ließ sie als Festung gegen die Staufer und das Hochstift Hildesheim erbauen, allerdings ging sie schon 1180 – wenige Jahre nach ihrer Fertigstellung – nach kurzer Belagerung an Friedrich Barbarossa verloren. Auch in den folgenden Jahrzehnten und Jahrhunderten wurde sie zum Schauplatz kriegerischer Auseinandersetzungen. Eine wechselvolle Geschichte: Zeitweise wurde die Burg an die Stadt Braunschweig verpfändet, Graf Hermann von Wöltingerode eroberte sie und unternahm von hier aus seine Beutezüge ins Umland, und auch die Herren von Salder gingen von hier aus dem unehrenhaften Gewerbe des Raubritters nach.

Erst 1552 wurde die Anlage zerstört, nachdem Vollrad von Mansfeld im Auftrag des Schmalkaldischen Bundes mit seinen Landsknechten in das Herzogtum eingefallen war. Gegen seine Kanonen halfen auch die anderthalb Meter dicken Mauern nicht.

Fortan diente die Ruine als Steinbruch für die Domäne Lichtenberg. Erst im 19. Jahrhundert wurde sie im Zuge einer Rückbesinnung auf die Vergangenheit wiederentdeckt. Der 25 Meter hohe sechseckige Aussichtsturm mit seiner hölzernen Plattform entspricht allerdings keinen historischen Vorbildern und ist der Phantasie seiner neuzeitlichen Erbauer entsprungen. Nichtsdestotrotz kann man an der rekonstruierten Burg sehr schön den Aufbau einer solchen Anlage erkennen: Hauptburg, Vorburg, Ringmauer, Türme, Burgbrunnen, Palas, Verlies und Kemenate. Letztere hatte sogar eine Warmluftheizung! Auch Raubritter und ihre Damen wollten es anscheinend schön warm haben.

Adresse Burgbergstraße, 38228 Salzgitter-Lichtenberg, www.fv-burg-lichtenberg.de | **Anfahrt** A 39 Ausfahrt Lichtenberg verlassen, links abbiegen, auf der Burgbergstraße bis zu einem großen Parkplatz auf der linken Seite oder direkt bis zur Burgberggaststätte fahren | **Tipp** Nicht vergessen, zum Gaußstein oberhalb der Burgruine zu pilgern!

82__Der Schacht Konrad

Der Tiefpunkt

Zu den wichtigsten Industriedenkmälern der Region gehört sicherlich der Schacht Konrad in Salzgitter. Dabei handelt es sich um ein stillgelegtes Eisenerz-Bergwerk zwischen den Stadtteilen Sauingen und Bleckenstedt, das in den nächsten Jahren zu einem Endlager für radioaktive Abfälle umgebaut werden soll – in nur acht Kilometer Entfernung zur Großstadt Braunschweig. Eine Million Menschen wohnen insgesamt in der Region. Die Planungen laufen seit 1975; alle Klagen dagegen wurden abgewiesen. Es scheint daher nur noch eine Frage der Zeit zu sein, bis die ersten Müllfässer anrollen. Das wird allerdings frühestens im Jahre 2022 der Fall sein, vermutlich jedoch noch später.

Immerhin hat man einen recht fotogenen Standort für das »Atomklo« gewählt, denn das Fördergerüst von Schacht Konrad I steht unter Denkmalschutz. Er lieferte 2010 auch eine schöne Kulisse für ein Konzert des Neutöners Karlheinz Stockhausen, der hier im Rahmen der Festlichen Tage Neuer Musik zusammen mit dem Orchester des Braunschweiger Staatstheaters die Stücke PARADIES, GLANZ und NEBADON aus dem Zyklus KLANG aufführte – unter Beteiligung mehrerer Streicher in fliegenden Hubschraubern.

Zur Geschichte der Schächte: 1933 wurde bei Probebohrungen nach Erdöl im Raum Gifhorn ein Erzlager entdeckt – der Gifhorner Trog –, das vom Wittinger Stadtteil Vorhop bis nach Salzgitter-Hallendorf reicht. Anfang der 60er Jahre begann der Abbau durch die Schächte Konrad I und II, der bis 1976 betrieben wurde. 6,7 Millionen Tonnen Eisenerz wurden hier gefördert. Unbedingt empfehlenswert ist eine Schachtfahrt in schicker Grubenkleidung, die in ein Kilometer Tiefe führt. Der Schacht Konrad ist damit der tiefste von Menschen erreichbare Punkt im Braunschweiger Land! Hier erfahren Sie alles, was Sie schon immer über die Arbeit unter Tage wissen wollten und natürlich auch, wie die Lagerung des Atommülls geplant ist.

Adresse 38239 Salzgitter-Watenstedt, www.endlager-konrad.de | **Anfahrt** A 39 bis Abfahrt Salzgitter-Lebenstedt-Nord, links auf die Industriestraße Nord, rechts auf die Walzwerkstraße | **Öffnungszeiten** Über die Website gibt es die Möglichkeit, sich für eine Schachtfahrt anzumelden. | **Tipp** Sehenswert: das Schloss Salder, Museumstraße 34, mit der angeschlossenen Kunsthalle »Kuhstall« und dem »Eiszeitgarten«.

83 Der Turm der Arbeit

Wohlfahrt und Zwangsarbeit

Salzgitter ist – einige Burgen und Schlösser hin oder her – eher als Industriestandort denn als romantische Burgenlandschaft bekannt. Und so verwundert es vielleicht auch nicht, dass das Wahrzeichen der Stadt eine Skulptur ist, die sich dem Arbeitsleben widmet. Sie steht in der Fußgängerzone von Salzgitter-Lebenstedt.

Salzgitter zählt der Fläche nach zu den größten Städten Deutschlands und ist durch seine 31 verstreuten Stadtteile geprägt, die der Stadt einen fast dörflichen Charakter verleihen – ein interessanter Kontrast zu dem industriellen Gepräge. Ein Zentrum im eigentlichen Sinne fehlt daher in Salzgitter. Am ehesten könnte man vielleicht noch Salzgitter-Bad oder aber Salzgitter-Lebenstedt als ein solches ansehen. Letzteres ist der mit Abstand größte Stadtteil.

Der »Turm der Arbeit«, ein Werk von Jürgen Weber, das in der Lebenstedter Fußgängerzone steht, erinnert an die Gründung der Gemeinde im Jahre 1942. Die Entstehungsgeschichte Salzgitters ähnelt ja der Wolfsburgs. Letztere war die Stadt des KdF-Wagens, erstere gruppierte sich um die hier ansässigen Teile der Reichswerke AG für Erzbergbau und Eisenhütten »Hermann Göring«, die 1937 gegründet wurden. Und in denen auch Zwangsarbeiter aus den Konzentrationslagern in Salzgitter-Bad, Salzgitter-Drütte und Salzgitter-Watenstedt eingesetzt wurden.

Bis Ende der 80er Jahre blieb die aus den Reichswerken entstandene Salzgitter AG im Besitz der Bundesrepublik; dann wurde sie an die Preussag AG verkauft.

Der »Turm der Arbeit« ist ein gewaltiges Monument, fast 14 Meter hoch und 36,5 Tonnen schwer. Sechs Jahre hat Weber an dem über eine Million Mark teuren Denkmal gearbeitet, bis es 1995 endlich fertiggestellt werden konnte. Die vier Reliefs »Arbeit unter Tage«, »Eintreibung von Arbeitern«, »Sabotage« und »Karitas« werden von einem Stahlarbeiter, einem Gießer, gekrönt.

Adresse In den Blumentriften, 38226 Salzgitter-Lebenstedt | **ÖPNV** vom Bahnhof Salzgitter-Lebenstedt zu Fuß weiter oder mit Bus 612, Haltestelle SZ-Lebenstedt Rathaus | **Tipp** In der Gedenkstätte Friedhof Jammertal, Peiner Straße/Kanalstraße, wird der Menschen gedacht, die in den Konzentrationslagern in der Region umgebracht wurden.

84 Neudorf-Platendorf

Das zieht sich

Wie lang dieser Ort ist! Mindestens so lang wie sein Name. In Zahlen: sechs Kilometer. Und zwar sechs Kilometer schnurgerade Straße. Damit hat Neudorf-Platendorf die längste gerade Ortsdurchfahrt in ganz Niedersachsen. Links und rechts von der Straße befinden sich zwei Gräben, hinter denen die Grundstücke mit ihren Bauernhöfen oder Einfamilienhäusern liegen, die jeweils über eine Brücke zu erreichen sind.

Neudorf und Platendorf (benannt nach dem Gifhorner Oberamtmann Plate) waren ursprünglich zwei Orte, die 1796 als Moorkolonien gegründet wurden. Das Große Moor bei Gifhorn sollte damals nutzbar gemacht und besiedelt werden. Jedem Siedler wurde ein Grundstück zugewiesen, das hundert Meter breit und einen Kilometer tief war. Zwei Orte waren es, weil zwischen ihnen ein großer Kanal ausgehoben wurde, auf dem der Torf abtransportiert wurde. Über diesen führten keine Brücken, weil das zu aufwendig gewesen wäre. Daneben entstanden die noch heute vorhandenen Brückgräben. Inzwischen sind die Orte aber zusammengewachsen, denn der Hauptkanal wurde im 19. Jahrhundert aufgefüllt und zu einer Straße ausgebaut. Bis heute haben sich übrigens einige Familiennamen aus der damaligen Zeit in Neudorf-Platendorf erhalten, darunter Wulfes, Wolpers und Steinmetz.

Der Ort ist ein schönes Beispiel dafür, wie zum einen die Landschaft des Braunschweiger Landes von Menschen gestaltet wurde (und immer noch wird) und wie zum anderen die hiesigen Siedlungen einem steten Wandel unterworfen sind. Heute steht das Große Moor glücklicherweise unter Naturschutz und ist mit seinen 2.700 Hektar eines der größten Rückzugsgebiete für Kreuzottern, Kraniche, Heidelerchen, Bekassinen, Raubwürger und Schwarzkehlchen geworden. Das Moor ist damit bis heute der größte Schatz des Dorfes – mit dem Unterschied, dass im Gegensatz zu früher sein Erhalt kostbarer ist als sein Abbau.

Adresse 38524 Sassendorf-Neudorf-Platendorf | **ÖPNV** mit dem Zug bis Neudorf-Platendorf | **Anfahrt** B 4 Richtung Lüneburg, B 188 Richtung Wolfsburg, links abbiegen Richtung Wahrenholz | **Tipp** Im Ortsteil Triangel haben in dem dortigen Herrenhaus einst der rechtsextreme Dichter Will Vesper und sein linksradikaler Sohn Bernward Vesper gelebt. Heute ist dort eine Einrichtung der Diakonie untergebracht. Sehenswert: der Gutspark mit seinen Rhododendren.

85 Die Königspfalz Werla

Falls der König in der Nähe war

Wissenschaftsgeschichte kann so spannend sein: Im 19. Jahrhundert suchten Historiker die von der Landkarte verschwundene Königspfalz Werla. Unter anderem wurde sie bei der Burg Werle (in Mecklenburg) und im westfälischen Werl vermutet. Zufallsfunde durch pflügende Bauern brachten die Gelehrten jedoch endlich auf die richtige Spur. Bei einer Probegrabung im Jahre 1875 entdeckte man erste Fundamente der Pfalz in der Gegend zwischen Wolfenbüttel und Goslar, doch erst in den 20er und 30er Jahren des folgenden Jahrhunderts wurde das Interesse so groß, dass weitere Forschungen vorgenommen wurden. Zum ersten Mal konnten auch Luftaufnahmen zurate gezogen werden. Sie zeigten, dass die Pfalz riesige Ausmaße hatte: 600 mal 600 Meter. Allerdings kam es auch zu Fehlinterpretationen, erhoffte man sich doch, hier die »Wiege des Ersten Reiches« zu finden.

Im Zweiten Weltkrieg kamen die Grabungen zum Erliegen und wurden erst 1957 wieder aufgenommen. Und es dauerte noch einmal fast 50 Jahre, bis die Anlage der Allgemeinheit zur Verfügung gestellt wurde. Ein mittelalterliches Event unter dem Motto »Pfalz Werla – Leben vor 1000 Jahren« lockte 300 Akteure und 17.000 Besucher (!) herbei. Im Jahre 2012 war es schließlich so weit: Der »Archäologie- und Landschaftspark Kaiserpfalz Werla« wurde eröffnet, die Pfalz selbst ist mit ihren Wällen und Mauern teilweise rekonstruiert.

Die Ursprünge der Pfalz sind übrigens im 10. Jahrhundert zu suchen. Sogar Königswahlen fanden hier statt, zum Beispiel im Jahr 1002, als Heinrich II. zum Nachfolger von Otto III. bestimmt wurde. Sein Konkurrent, der Markgraf Ekkehard von Meißen, soll sich disqualifiziert haben, indem er ein eigentlich für die anwesenden Äbtissinnen zubereitetes Mahl verzehrte – eine schöne Geschichte, von der man hofft, dass sie wahr ist. Und auch nicht wieder in Vergessenheit gerät.

Adresse 38315 Werlaburgdorf, www.kaiserpfalz-werla.de | **Anfahrt** A 395 bis Anschlussstelle Schladen-Nord, B 82 in Richtung Schladen, L 615 Richtung Heiningen/Wolfenbüttel, bis Parkplatz auf der rechten Seite | **Öffnungszeiten** immer zugänglich, Führungen können gebucht werden (siehe Website) | **Tipp** Am Bahnhof Klein Mahner, Warnestraße 3, können Sie sich nicht nur historische Züge anschauen, sondern auch gelegentlich mit Zügen und Draisinen mitfahren. Die Fahrtage finden Sie auf der Website: www.dg41096.de.

86 Die Schlangenfarm

Kriechende Schönheiten

Manche Eltern gehen mit ihren Kindern in den Streichelzoo, andere schleppen sie auf die Schlangenfarm nach Schladen. Diese wird von Jürgen Hergert betrieben, dem zweifachen Weltmeister im »Schlangen-Sit-in«. Er verbrachte 100 Tage auf engstem Raum mit 26 Giftschlangen – und überlebte!

Wie auch immer er das geschafft hat, schließlich ist er keineswegs immun gegen das Gift. Fünfmal wurde er schon von Schlangen gebissen. Das eine Mal, als ihn eine Schwarze Mamba attackiert hatte, musste er seine Liebe zu diesen Tieren fast mit dem Tode bezahlen und überlebte nur dank eines Gegenmittels – das aus eben dem Gift dieser Schlange gewonnen wird.

Hergert lebte lange Zeit in Afrika und lernte diese Tiere bei einem Praktikum auf einer Schlangenfarm kennen und lieben. Er beschloss, in Deutschland selbst eine solche Farm zu eröffnen. Die ersten Tiere fing er in den 70er Jahren dazu noch selbst ein. Weit mehr als 1.000 leben nun in Schladen, darunter befinden sich auch Leguane, Skorpione, Schildkröten, Spinnen, Warane, Piranhas und ein Krokodil. Das Kernstück dieser »Sammlung« bilden natürlich die 58 Schlangenarten, von denen 48 giftig sind.

Es gibt übrigens die Gelegenheit, einige dieser Tiere (die ungefährlichen!) im Vorführhaus auch anzufassen – wer möchte, darf natürlich auf Distanz bleiben. Und wenn man Glück hat, darf man sogar zusehen, wie eine Schlange gemolken wird. Ein Drittel des Weltbedarfs an Schlangengift könnte hier produziert werden. Dieses Gift wird hauptsächlich über das Internet an Profikiller verkauft … Quatsch, natürlich nicht. Es wird für medizinische Zwecke benutzt, zum Beispiel bei Bluthochdruck und bei Blutgerinnungstests. Aber auch bei Rheuma, Ischias, Gicht und Epilepsie, ja sogar bei Depressionen kommt es zum Einsatz. Da viele Schlangenarten vom Aussterben bedroht sind, dient die Schlangenfarm inzwischen übrigens auch als Nachzuchtstation.

Adresse Im Gewerbegebiet 5, 38315 Schladen, www.schlangenfarm.de | **Anfahrt** A 395, Abfahrt Schladen/Nord Richtung Gewerbegebiet Nord | **Öffnungszeiten** täglich März–Okt. 10–17 Uhr, Nov.–Feb. 10–16 Uhr | **Tipp** Im Heimatmuseum Hornburg, Montelabbateplatz 1, gibt es einen Gedächtnisraum für den in Hornburg geborenen Papst Clemens, der von 1046 bis 1047 dieses Amt innehatte, bis er von einem Widersacher vergiftet wurde (www.museum-hornburg.de).

87__Das paläon

Die Wiege der Menschheit

»Schöningen – Unauffällig, dank Tarntechnologie« steht auf dem Aufkleber der Satirepartei »Die Partei«. Er zeigt ein Foto des Forschungs- und Erlebniszentrums paläon, dessen Architektur sich dadurch auszeichnet, dass die spiegelnde Außenfassade mit dem Himmel zusammenzuwachsen scheint. Wobei es natürlich nicht stimmt, dass sie »unauffällig« ist, denn wer das Gebäude einmal gesehen hat, vergisst es nie wieder.

Die in den 1990er Jahren beim Braunkohletagebau bei Schöningen gefundenen acht Speere haben hier die markante Heimstatt gefunden, die sie verdient haben, handelt es sich bei ihnen doch um die ältesten vollständig erhaltenen Jagdwaffen der Menschheit, auch wenn das ursprünglich angenommene Alter von 400.000 Jahren auf jetzt »nur noch« 270.000 Jahre herabgesetzt werden musste. Ein sensationeller Fund bleiben sie so oder so.

Sie beweisen nämlich, dass die Menschen schon damals koordiniert auf die Jagd gegangen sind. Ein Indiz auch für die intellektuellen Fähigkeiten des Homo heidelbergensis, die man vorher bei diesem nicht vermutet hatte. Nachbauten der Kiefern- und Fichtenspeere sollen bei Wurfversuchen bis zu 70 Meter weit geflogen sein, womit sie es durchaus mit heutigen Sportspeeren aufnehmen könnten.

Der Grund, warum der Standort des paläon in der Nähe der Fundstelle der Speere errichtet wurde, liegt wahrscheinlich darin begründet, dass dadurch 1. ein hohes Maß an Authentizität erreicht wurde und dass hier 2. genügend Platz für das großzügige und sehenswerte Außengelände ist, zu dessen Attraktionen ein steinzeitlicher Erlebnisparcours und die Nachzüchtungen von Wildpferden gehören. Sonderausstellungen (zum Beispiel zur Höhlenkunst der Eiszeit), Aktionstage und Familien-Mitmach-Führungen runden das Angebot des paläons ab, das übrigens direkt an den Tagebau angrenzt. Hier prallen Zeitalter aufeinander!

Adresse Paläon 1, 38364 Schöningen, www.palaeon.de | **ÖPNV** ab Schöppenstedt Bahnhof Bus 370 bis Haltestelle Schöningen ZOB; Bus 395, Haltestelle Schöningen paläon | **Anfahrt** A 2 bis Ausfahrt Helmstedt-West, B 244 bis Schöningen, L 652 Richtung Hötensleben bis paläon | **Öffnungszeiten** Di–So 10–18 Uhr | **Tipp** Vielleicht nicht ganz so spektakulär wie das paläon: das Seilereimuseum im Torhäuschen des Schöninger Schlosses am Burgplatz.

88 Das Eulenspiegel-Museum

Wo Eulenspiegel ins Wasser fiel

Die Geschichten um den Narren Till Eulenspiegel sind das wichtigste literarische Produkt, das das Braunschweiger Land hervorgebracht hat. Wichtiger als das Werk Wilhelm Raabes auf jeden Fall, und auch der gute Lessing kann nicht mithalten mit Hermann Bote, der sich die »Historien« wohl nicht ausgedacht, aber doch zusammengetragen und verknüpft hat – und damit einen sensationellen Erfolg landete, nämlich einen Bestseller, dessen Wirkung weit über Deutschland und Europa hinausreicht. Die Zahl der Bearbeitungen in Buchform, als Theater-, Film- und Fernsehfassung, als Comic und in der bildenden Kunst ist Legion. Dass Till eine der Hauptfiguren im Braunschweiger Karneval ist, muss man da als eine Selbstverständlichkeit ansehen.

Seinerzeit sind die Geschichten übrigens anonym erschienen, und es hat einige Jahrhunderte akribischer Forschung gebraucht, bis man Hermann Bote als Autor identifiziert hatte. Ein wichtiger Anhaltspunkt war, dass sich das Akrostichon ERMANB in den Anfangsbuchstaben der Kapitel fand. Doch dass es jemand aus dieser Region sein musste, wurde schon früh vermutet, nicht zuletzt auch deshalb, weil der Autor offensichtlich profunde Ortskenntnisse besaß, zum Beispiel die Dörfer Kneitlingen und Ampleben bei Schöppenstedt kannte und sogar wusste, dass sie über eine Brücke miteinander verbunden waren. In den Bach lässt Eulenspiegels Amme ihn nämlich am Tag seiner Taufe fallen. Nun gibt es immer noch Germanisten, die andere Publizisten in Betracht ziehen, zum Beispiel den Straßburger Buchdrucker Johannes Grüninger – aber als Braunschweiger weiß man es natürlich besser.

Wie dem auch sei: Wer sich näher mit Eulenspiegel befassen möchte, muss das entsprechende Museum in Schöppenstedt besuchen. Dort wird die Figur mit Hilfe zahlloser Plakate, Plastiken und anderer Exponate in all ihren faszinierenden Facetten beleuchtet.

Adresse Nordstraße 4a, 38170 Schöppenstedt, www.eulenspiegel-museum.de | **ÖPNV** ab Schöppenstedt Bahnhof Bus 372 bis Haltestelle Schöppenstedt Markt | **Anfahrt** A 2 bis Ausfahrt Königslutter oder A 39 Ausfahrt Sickte, von dort bis Schöppenstedt, hier Hinweisschildern folgen | **Öffnungszeiten** März–Dez. Di–Fr 14–17 Uhr, Sa und So 11–17 Uhr | **Tipp** Nur zehn Minuten vom Museum entfernt finden Sie das Eulenspiegel Erlebnisland, wo sich Ihre Kinder austoben können – und nebenbei etwas über das Leben in der Zeit Eulenspiegels lernen.

89__Das Kaffeekannen-museum

Weißes Gold und schwarzes Gold

Das »Kaffeekannen-Museum« in Eitzum ist beides: ein Café und ein Ausstellungsraum. Thema ist die Kaffeekanne im Wandel der Zeiten. Einerseits geht es also um Kaffee, der schon vor einigen hundert Jahren seinen Siegeszug durch Europa angetreten hat und mittlerweile (oder sollte man sagen: immer noch) das beliebteste Getränk der Deutschen ist, noch vor Wasser, Brausen und sogar Bier. Und zum anderen geht es im Kaffeekannen-Museum natürlich auch um das »weiße Gold« – das Porzellan.

Wie jedoch kommt man auf die Idee, Kaffeekannen auszustellen? Eigentlich war es wohl einfach so, dass in der Küche des Cafés einige überzählige Kaffeekannen störten, die daher ganz einfach an die Decke gehängt wurden. Was wiederum einige Stammgäste des kleinen Hotels animierte, selbst Kaffeekannen mitzubringen und sie den Wirten zu schenken. Es folgten großzügige Stiftungen der Porzellanmanufakturen Graf von Henneberg (aus Ilmenau in Thüringen), KAHLA (ebenfalls aus Thüringen), Fürstenberg (aus der gleichnamigen Gemeinde an der Weser), Arite (aus Meissen) und und und … Nunmehr ist die Sammlung auf 5.000 Exemplare angewachsen, die nicht nur von der Decke baumeln, sondern auch Schränke und Fenster zieren. Den einen oder anderen Gast animierte dies schon zu lyrischen Werken: »Was sie mit Liebe Gästen zeigen, / womit sie Blicke bannen – / sind nicht erträumte Himmels-Geigen; / nein, es sind Kaffeekannen.«

Das Kaffeekannenmuseum ist damit ein weiterer wunderbarer Ausstellungsraum für Dinge, die niemand braucht – oder vielmehr, die man nicht mehr braucht. Aber die man sich unbedingt anschauen sollte! Übrigens: Sie können im Kaffeekannen-Museum – beziehungsweise auf dem dazugehörigen Ferienhof Beutel – sogar Urlaub machen.

Adresse Ferienhof Beutel und Kaffeekannenmuseum, Schliestedter Straße 2, 38170 Schöppenstedt-Eitzum, www.beutel-hotel.de | **Anfahrt** A 2 bis Ausfahrt Königslutter oder A 39 Ausfahrt Sickte, von dort über Schöppenstedt nach Eitzum | **Öffnungszeiten** Mi–So 14–18 Uhr | **Tipp** Zwischen Schöppenstedt und Königslutter ist der berühmte Tetzelstein zu finden, der an den angeblich hier erschlagenen Ablassprediger Johann Tetzel erinnert. Der Stein selbst, ein ihm zu Ehren errichtetes Denkmal sowie eine Waldgaststätte sind ein beliebter Treffpunkt, besonders bei Motorradfahrern (www.tetzelstein.com).

90 Das Aha-Erlebnismuseum

Wissen macht Aha!

Schon allein, dass sich dieses Museum an Kinder ab vier Jahren richtet, ist ungewöhnlich, denn die Zielgruppen der meisten Bildungseinrichtungen sind älter, beginnen fast immer erst ab dem Schulalter. Noch ungewöhnlicher ist jedoch, dass die ehrenamtlichen Mitarbeiter des Museums zwischen fünf und 70 Jahren alt sind.

Mit anderen Worten: Die Ausstellungen werden von Erwachsenen und Kindern gemeinsam erarbeitet. Ein interessanter Ansatz, der zu nicht minder interessanten Ausstellungen führt, die Titel tragen wie »Der Ohrenseher – Schau mal, wie das klingt!«, »Die geheimnisvolle Reise ins Universum – Ist da jemand?« oder »Wer hat an der Uhr gedreht?«. Wobei Ausstellungen wiederum der falsche Ausdruck ist, denn auf den 400 Quadratmetern Präsentationsfläche werden nicht einfach Dinge hingestellt, die man sich aus der Distanz angucken darf – wie es unsere Museumspädagogen normalerweise für richtig erachten –, sondern hier geht es darum, anzufassen, mitzumachen und auszuprobieren.

Die Themengebiete der Jahresausstellungen sind genauso abwechslungsreich: Es geht um die menschlichen Sinne und wie diese sich täuschen lassen, um die Umwelt und wie sie sich schützen lässt und um Kinderrechte und was man dafür tun kann.

Vielleicht hört sich das immer noch ein bisschen abstrakt an, aber man muss sich nur vorstellen, wie Kinder mit Fernrohren und Robotern hantieren oder wie sie Raumanzüge samt der dazugehörigen Helme tragen oder wie sie im Sand nach Edelsteinen buddeln, dann erahnt man vielleicht, wie schön so ein Nachmittag im Kindermuseum sein kann. Beziehungsweise ein Abend, denn zum Programm gehört auch eine Lesenacht.

Überhaupt werden viele Möglichkeiten geboten, mitzumachen, zum Beispiel bei Tanz-, Kunst- und Bastelworkshops. Langeweile ist hier jedenfalls ein Fremdwort. Und etwas Besseres kann man über ein Museum eigentlich nicht sagen.

Adresse Lindener Straße 15, 38300 Wolfenbüttel-Linden, www.ahamuseum.de | **ÖPNV** Bus 710, 752, 756, 790, 794, 799, Haltestelle Zeughausstraße | **Anfahrt** A 39, Abfahrt Wolfenbüttel-Nord, auf der B 79 bis Wolfenbüttel, dort Hinweisschildern zur Polizei folgen | **Öffnungszeiten** Mitte März – Mitte Nov. Mo und Fr 15 – 17.30 Uhr, Sa und So 14 – 17 Uhr, gesonderte Öffnungszeiten in den Schulferien | **Tipp** Einen der schönsten Weihnachtsmärkte der Region finden Sie seit 1585 auf dem Stadtmarkt in Wolfenbüttel. Pflichtbesuch, wenn Sie im Dezember in Wolfenbüttel sind!

91 Die Archäologie in der Kanzlei

Brotbacken für Anfänger

Die »Archäologie in der Kanzlei« ist eine kleine Perle, denn das Museum ist nicht nur sehr schön und freundlich eingerichtet und ausgestattet, sondern bietet vor allen Dingen auch die Möglichkeit, selbst aktiv zu werden. Besonders für Kinder ist das ein großer Spaß, denn sie dürfen hier beispielsweise Mehl mahlen und Feuersteine schlagen und können sich auf diese Weise durch praktisches Erleben eine Vorstellung davon machen, wie man vor ein paar tausend Jahren gelebt hat. Und erfahren so, was für eine Plackerei das war – allein das Herstellen von Brot dauerte damals ewig und drei Tage.

Überhaupt bemüht man sich hier sehr, Geschichte anschaulich darzustellen, wozu auch viele begehbare Ausstellungsstücke, detailgetreue Nachbildungen, übersichtliche Schautafeln und originelle Exponate beitragen. Empfehlenswert sind in diesem Zusammenhang die beliebten Kostümführungen, die – nebenbei gesagt – auch in vielen anderen Museen im Braunschweiger Land angeboten werden.

Der Schwerpunkt des Museums liegt natürlich auf der (Alt- und Jung-)Stein-, Bronze- und Eisenzeit (seit immerhin mindestens 500.000 Jahren leben Menschen in dieser Region) sowie auf der Epoche der Sachsen, Thüringer und Franken. Aber gelegentlich werden auch Ausflüge in jüngere Epochen gewagt, zum Beispiel in die Zeit der Welfen, denn Wolfenbüttel war bekanntlich lange die Residenzstadt des Braunschweigischen Herzogtums. In Braunschweig selbst war es nämlich immer wieder zu Konflikten mit dem selbstbewussten Bürgertum der Stadt gekommen.

So ganz nebenbei wird auf den 1.000 Quadratmetern gezeigt, dass die Gegenwart immer auch eine Verlängerung der Vergangenheit ist. Denn die Grundlagen unserer Gesellschaft reichen weit zurück. Teilweise bis in die Steinzeit.

Adresse Kanzleistraße 3, 38300 Wolfenbüttel, www.3landesmuseen.de | **ÖPNV** Bus 420, Haltestelle Kornmarkt | **Anfahrt** A 39, Abfahrt Wolfenbüttel-Nord, auf der B 79 bis Wolfenbüttel-Innenstadt | **Öffnungszeiten** Mi 15–19 Uhr, Fr–So 10–17 Uhr | **Tipp** Wolfenbüttels beste Eisdiele: das Eiscafé Martini in der Langen Straße 4.

92 Die Bibliotheca Augusta

Für Bücherwürmer

Man könnte vor Ehrfurcht erstarren, wenn man durch die Räume dieser Bibliothek geht. Es ist nicht einmal die Menge der Medieneinheiten (eine Million), die beeindruckt, sondern vor allem ihr Alter. Hier werden unter anderem fast 12.000 Handschriften, 400.000 alte Drucke, 4.000 Künstlerbücher, 3.000 Bibeln, 3.000 historische Landkarten, 120 Atlanten und zehn Globen aufbewahrt und ausgestellt, von denen nicht wenige Exponate einige Jahrhunderte auf dem Buckel haben.

Das wertvollste Ausstellungsstück (das daher auch nur jeweils einige wenige Wochen im Jahr zu sehen ist) ist das Evangeliar Heinrichs des Löwen, das wahrscheinlich 1188 geschaffen wurde und für den Marienaltar des Braunschweiger Doms gedacht war. Als es 1983 ersteigert wurde, war es mit 32,5 Millionen Mark das teuerste Buch der Welt – mittlerweile ist der Rekord durch eine von Bill Gates erworbene Handschrift von Leonardo da Vinci gebrochen worden.

1572 gründete Herzog Julius zu Braunschweig-Lüneburg die Bibliothek, die im Laufe der Jahrhunderte stetig wuchs, bis sie im 17. Jahrhundert die größte nördlich der Alpen war und als das achte Weltwunder bezeichnet wurde. Gotthold Ephraim Lessing und Gottfried Wilhelm Leibniz waren die bekanntesten ihrer Bibliothekare. Letzterer leitete sie jedoch von Hannover aus, das ihm anscheinend attraktiver erschien. Der Galan und Literat Giacomo Casanova besuchte 1764 acht Tage lang Wolfenbüttel – und hielt sich fast ausschließlich in der Bibliothek auf. »Heute weiß ich, dass nur das Zusammentreffen ganz unbedeutender Umstände nötig gewesen wäre, um mich in dieser Welt zu einem wahrhaft Weisen zu machen«, schrieb er später in aller Bescheidenheit, »denn die Tugend hat mich stets mehr angezogen als das Laster.« Wer vielleicht nicht wahrhaft weise, aber doch um einiges schlauer werden will, sollte nicht versäumen, diese Bibliothek zu besuchen.

Adresse Lessingplatz 1, 38304 Wolfenbüttel, www.hab.de | **ÖPNV** Bus 420 Haltestelle Kornmarkt | **Anfahrt** A 395, Abfahrt Wolfenbüttel-Nord, auf der B 79 bis Wolfenbüttel, dort Hinweisschildern zum Schloss folgen | **Öffnungszeiten** Di – So 10 – 17 Uhr | **Tipp** Das Zeughaus gegenüber dem Schloss diente einst als Kaserne und Waffenlager und beherbergt heute eine Forschungsbibliothek. Gleich daneben befindet sich mit dem Magazinhaus das größte Fachwerkgebäude Niedersachsens.

93 Die Gedenkstätte in der JVA

Die Verbrechen der Bestrafung

Eine Gedenkstätte, die man nur nach vorheriger Anmeldung besuchen kann? Wo gibt's denn so was? In Wolfenbüttel natürlich. Und der Grund dafür ist auch durchaus einleuchtend, denn sie befindet sich auf dem Gelände der Justizvollzugsanstalt. Ohne Ausweis kommt daher niemand hier rein.

Seit 1506 gibt es die Haftanstalt in Wolfenbüttel. Die »Bastion Philippsberg« diente zeitweise als Militärgefängnis und wurde – eine Folge der Bevölkerungszunahme – im wilhelminischen Kaiserreich erweitert. Während des Nationalsozialismus nahm die Zahl der Häftlinge noch einmal deutlich zu; viele von ihnen wurden aufgrund politischer Delikte inhaftiert. Diese Überfüllung führte zu einer dramatischen Verschlechterung der Haftbedingungen, was sowohl Ernährung und Bekleidung als auch hygienische Bedingungen und medizinische Versorgung betraf.

Ab 1937 wurde die Schlosserei der Haftanstalt zu einer von zwei zentralen Hinrichtungsstätten in Norddeutschland umgebaut, in der bis Kriegsende per Fallbeil 600 Todesurteile vollstreckt wurden. Nach Kriegsbeginn wurden immer mehr Delikte mit dem Tode bestraft, zum Beispiel aufgrund der »Volksschädlingsverordnung« und des »Heimtückegesetzes« – schon das Erzählen eines Witzes konnte den Tod bedeuten. Als Schwerverbrechen galten neben »Wehrkraftzersetzung« auch »Feindsenderhören«, »Schwarzschlachten« und »Plündern«. Soldaten wurden zudem für »Feigheit vor dem Feinde«, »Fahnenflucht« und »Selbstverstümmelung« bestraft. Eine weitere große Opfergruppe waren Widerstandskämpfer aus den von Deutschland besetzten Ländern. Der Besuch dieser Gedenkstätte (die in den nächsten Jahren umgestaltet wird) kann durchaus bedrückend sein. Gerade deswegen sollte man aber nicht davor zurückschrecken.

Adresse Ziegenmarkt, 38300 Wolfenbüttel, http://wolfenbuettel.stiftung-ng.de | **ÖPNV** Bus 420, 798, Haltestelle Breite Herzogstraße | **Anfahrt** A 39, Abfahrt Wolfenbüttel-Nord, auf der B 79 bis Wolfenbüttel-Innenstadt | **Öffnungszeiten** nur nach Voranmeldung | **Tipp** Am Fahrradweg, der von Wolfenbüttel über Stöckheim nach Braunschweig führt, kommen Sie am Hohen Gericht am Lechlumer Holz vorbei, an dem auch sogenannte Hexen verbrannt wurden. Die Hinrichtungsstätte ist durch einen Gedenkstein markiert (www.denkmalpflege.bsl-ag.de).

94 Die Grachten

Klein-Venedig mitten in Wolfenbüttel

Wolfenbüttel ist weltberühmt für seine Künstler. Also für Lessing. Und für Fips Asmussen, der hier einige Jahre gelebt hat und Stammgast in der Bierkneipe »Zimmerhof 13« gewesen sein soll. Auch der große Zeichner, Dichter und Maler (in der Reihenfolge) Wilhelm Busch war seinerzeit des Öfteren zu Besuch, bei seinem Bruder nämlich, der hier eine Konservenfabrik besaß.

Was gibt es noch in Wolfenbüttel? Jägermeister natürlich. Den Kräuterlikör, der mittlerweile auf der ganzen Welt getrunken wird. Im Braunschweiger Land liebt man ihn auch deshalb, weil die Firma einst – im Goldenen Zeitalter – Eintracht Braunschweig gesponsert hat. Und dabei die Trikotwerbung in den deutschen Profifußball eingeführt hat. Ob das wirklich so rühmlich ist, mag jeder für sich selbst entscheiden. Aber mal Spaß beiseite: Tatsächlich war Wolfenbüttel einst eine bedeutende Stadt. Nicht zufällig erschien hier mit Aviso die zweitälteste deutschsprachige Zeitung überhaupt (Ersterscheinungsdatum: 15. Januar 1609).

Aber zurück zu den Anfängen: Im 10. Jahrhundert nach Christus soll sich ein Siedler namens Wulferus an einer Okerfurt niedergelassen haben – was man natürlich getrost in das Reich der Legenden verweisen kann. Gesichert ist, dass die Stadt ab 1430 zur ständigen Residenz der Braunschweig-Lüneburger Herzöge wurde und diese die Stadt stetig ausbauen und erweitern ließen. Und zwar durch holländische Städteplaner, die aus ihrer Heimat die Kunst des Grachtenbaus mitbrachten. Leider ist dies nicht mehr überall in der Stadt zu erkennen, doch ein kleiner Teil (an dem die Wasserwege noch nicht zugeschüttet oder verdeckt sind) ist bekannt unter dem Namen Klein-Venedig. Obwohl Italiener damit gar nichts zu tun hatten. So ungerecht kann die Welt sein.

Wer Fachwerkhäuser mag, wird Wolfenbüttel übrigens lieben – 600 zum Teil sehr gut erhaltene Fachwerkhäuser gibt es hier zu bestaunen.

Adresse Schiffwall, 38300 Wolfenbüttel | **ÖPNV** Bus 420, Haltestelle Kornmarkt | **Anfahrt** A 395, Abfahrt Wolfenbüttel-Nord, auf der B 79 bis Wolfenbüttel dort Hinweisschildern zum Schloss folgen | **Öffnungszeiten** Di–So 10–17 Uhr | **Tipp** Die Bundesakademie für kulturelle Bildung ist für Wolfenbüttel ein echter Gewinn. Im Gästehaus in der Schünemannschen Mühle, Rosenwall 7, finden immer wieder hochkarätige Veranstaltungen statt (www.bundesakademie.de).

95 Das Kuba-Tonmöbel-Museum

Schöner hören

Von 1948 bis 1972 war die Firma Kuba-Imperial in Wolfenbüttel ansässig; weitere Standorte gab es in Braunschweig und Osterode. Hergestellt wurden Tonmöbel. Tonmöbel? Das sind besonders schöne Fernseher, Musikabspielgeräte und Radios, die oft miteinander kombiniert und in Schränke eingebaut wurden. Die Verkaufsschlager waren die Musiktruhen Traviata und Komet. Namen wie Puszta, Csardas, Adria, Venetia, Toskana, Napoli und Capri verraten einiges sowohl über die musikalischen Vorlieben ihrer Nutzer als auch über die Sehnsuchtsorte und bevorzugten Reiseziele jener Jahre.

Überhaupt unternimmt man hier eine kleine Zeitreise, in der man Plattenspieler bestaunt, neben denen Singles von Freddy Quinn, Tony Marshall, Bernd Clüver, Costa Cordalis, Peter Alexander, Roy Black und Barbra Streisand liegen. Auch Gottlieb Wendehals' »Mein Freund Herbert« hat man gleich wieder im Ohr. Und welche Getränke halten die Abstellbereiche der Schränke bereit? Fürst Bismarck natürlich und – das ist unvermeidlich in Wolfenbüttel – Jägermeister! Beraten in der Programmfindung wird man selbstverständlich von der Hörzu. Dazu passt ein komplett eingerichtetes Wohnzimmer mit Nierentisch und allem, was dazugehört. Herrlich!

Fotos und Werbeschilder sowie Fernseher (der älteste ist von 1937) und Radios aus Ländern, die es teilweise heute gar nicht mehr gibt (ČSSR und DDR), ergänzen die Ausstellung, die von vielen älteren, aber auch einigen jüngeren Menschen besucht wird. »Da haben wir uns lieben gelernt«, ruft eine Dame und lacht, während im hintersten Raum auf einem Fernseher der Heinz Erhardt-Film »Drei Mann in einem Boot« läuft. Zurück am Ein-/Ausgang ist man versucht, sich im Schallplattenflohmarkt eine kleine schwarze Scheibe zu kaufen. Die will man dann aber nur noch mit einem Plattenspieler hören, der in ein Kuba-Tonmöbel integriert ist.

Adresse Lindener Straße 15, 38300 Wolfenbüttel-Linden, www.kuba-museum.de | **ÖPNV** Bus 710, 752, 756, 790, 794, 799, Haltestelle Zeughausstraße | **Anfahrt** A 39, Abfahrt Wolfenbüttel-Nord, auf der B 79 bis Wolfenbüttel, dort Hinweisschildern zur Polizei folgen | **Öffnungszeiten** jeder 2. Sa im Monat 14–18 Uhr | **Tipp** Auf zur Jägermeister-Werksbesichtigung! Jeden Montag in der Jägermeisterstraße 5–7; Voranmeldung unter Tel. 05331/86280; am besten auch gleich nach Kombi-Angeboten mit Stadtführung oder Mittag-/Abendessen in der Altstadt fragen.

96 Das Lessing-Haus

Hier wurde (Literatur-)Geschichte geschrieben

»Ich wohne in einem großen verlassenen Schloße ganz allein: und der Abfall von dem Zirkel, in welchem ich in Hamburg herumschwärmte, auf meine gegenwärtige Einsamkeit ist groß.« Nein, glücklich wurde Lessing nicht in Wolfenbüttel, das zu der Zeit tatsächlich einer Geisterstadt glich, weil die Herzöge ihren Wohnsitz nach Braunschweig (zurück)verlegt hatten. Immerhin musste Lessing nicht übermäßig viel arbeiten. »Eigentliche Amtsgeschäfte habe ich nicht Andere, als die ich mir selbst machen will«, bekannte er. »Ich darf mich rühmen, daß der Erbprinz mehr darauf gesehen, daß ich die Bibliothek, als daß die Bibliothek mich nutzen soll.« Aber wahrscheinlich fehlte ihm doch ein wenig der geistige Austausch mit anderen Intellektuellen seines Kalibers, galt er doch als einer der geistreichsten (und streitbarsten) Menschen seiner Zeit.

Ab Mai 1770 lebte er in der Stadt an der Oker, ein Jahr später verlobte er sich mit Eva König, der Witwe seines Freundes Engelbert König, eines Hamburger Kaufmanns. Ihre Heirat mussten sie verschieben, da Eva einige Zeit in Wien verbrachte, um den Nachlass ihres Mannes zu klären, während ihr Verlobter 1775 gezwungen war, mit dem Prinzen Leopold nach Italien zu reisen. Erst im darauffolgenden Jahr konnten sie Hochzeit feiern. Doch ihr Glück währte nicht lange. Schon drei Jahre später starb Eva im Wochenbett, wenige Tage nach ihrem Söhnchen Traugott, ihrem einzigen gemeinsamen Kind. Von diesem Schicksalsschlag erholte sich Lessing nie mehr. »Wenn ich noch mit der einen Hälfte meiner übrigen Tage das Glück erkaufen könnte, die andere Hälfte in Gesellschaft dieser Frau zu verleben, wie gerne wollte ich es tuen«, bekannte er.

Eines der witzigsten Exponate im Lessing-Haus ist übrigens der Spazierstock, den er benötigte, um die 23 Kilometer bis nach Braunschweig zurückzulegen, wo er immerhin einige Freunde hatte, mit denen er sich Trinkgelagen hingab.

Adresse Lessingplatz 1, 38304 Wolfenbüttel | **ÖPNV** Bus 420, Haltestelle Kornmarkt | **Anfahrt** A 395, Abfahrt Wolfenbüttel-Nord, auf der B 79 bis Wolfenbüttel, dort Hinweisschildern zum Schloss folgen | **Öffnungszeiten** Di–So 10–17 Uhr | **Tipp** Die Kommisse (in der Kommißstraße) ist mit seinem innenarchitektonischen Mix aus Alt und Neu einer der schönsten Veranstaltungsorte in Wolfenbüttel – und auch einer der traditionsreichsten, denn sie wurde 1580 als Kaufmannskontor gegründet.

97 Das Lessingtheater

Kein Ring sie zu knechten

»An ihren Früchten sollt ihr sie erkennen. Ein jeglicher guter Baum bringt gute Früchte, aber ein fauler Baum bringt arge Früchte«, heißt es im Matthäus-Evangelium, als Hinweis darauf, wie falsche von echten Propheten zu unterscheiden sind. Und vielleicht kann man Lessings philosophisches Drama »Nathan der Weise« als ein Weiterdenken dieser Empfehlung sehen.

Es sollte das letzte Werk des Meisters sein und konnte erst postum uraufgeführt werden. Fast 40 Jahre lang hatte er sich mit dem Stoff beschäftigt – und schließlich ein ergreifendes Plädoyer für religiöse Toleranz geschaffen.

Berühmt geworden ist die Ringparabel. In ihr geht es um eine Familie, in der es Tradition ist, dass der Vater jeweils dem Sohn, den er am meisten liebt, einen Ring schenkt, der die schöne Wirkung hat, dass er den Träger bei seinen Mitmenschen beliebt macht. Als jedoch ein Vater drei Söhne hat, die er alle drei gleich liebt, lässt er kurzerhand zwei weitere Schmuckstücke anfertigen, die genauso aussehen. Da sie ununterscheidbar sind, bleibt den Söhnen nichts anderes übrig, als sich so zu verhalten, als sei jeder von ihnen der Träger des wahren Rings. Lessing bezieht diese Geschichte auf Juden, Christen und Muslime – die »richtige« Religion ist damit nur noch an den Früchten zu erkennen, die sie trägt.

Und auch das Wolfenbütteler Lessingtheater, das 1909 mit einer Aufführung von Lessings berühmtestem Stück eröffnet wurde, steht in der aufklärerischen Tradition. Leider hat es bis heute kein eigenes Ensemble, besticht aber schon allein dadurch, dass es vor wenigen Jahren von Grund auf erneuert wurde und seitdem im neuen alten Glanz erstrahlt.

Mit seiner Mischung aus Jugendstil und Neoklassizismus darf das Gebäude heute zu den mit Abstand schönsten Theatern der Region gezählt werden und kann im Rahmen von Gruppenführungen auch besichtigt werden.

Adresse Harztorwall 16, 38300 Wolfenbüttel, www.lessingtheater-wf.de | ÖPNV 600 Meter zu Fuß vom Bahnhof; Bus 769 und 797, Haltestelle Lange Straße | Anfahrt A 2 Ausfahrt Wolfenbüttel-Nord / Zentrum, circa 4,5 Kilometer immer geradeaus | Tipp Der Kunstverein Wolfenbüttel hat sein Domizil im traditionsreichen Prinzenpalais in der Reichsstraße 1 (www.kunstverein-wf.de).

98 Das Schloss Wolfenbüttel

Filmreife Herzogsbehausung

In dem Film »Der ganz große Traum« geht es um den Lehrer Konrad Koch, der 1875 die ersten deutschen Fußballregeln festlegte. Er unterrichtete am Braunschweiger Traditionsgymnasium Martino-Katharineum (wo zum Beispiel auch Hoffmann von Fallersleben und Carl Friedrich Gauß zur Schule gingen), das jedoch im Oktober 1944 bei einem Bombenangriff zerstört wurde, sodass dort nicht gedreht werden konnte. Stattdessen wich man auf das Schloss Wolfenbüttel aus, das bis heute tatsächlich eine Schule beherbergt: das »Gymnasium im Schloss«, eine nicht weniger traditionsreiche Lehranstalt, ursprünglich eine Mädchenschule für »höhere Töchter«.

Daneben dient das beeindruckende Gebäude jedoch auch als Museum, das einiges zu erzählen hat, denn immerhin war Wolfenbüttel gut 300 Jahre die Residenzstadt der Braunschweiger Herzöge. Wer also schon immer wissen wollte, wie es sich so gelebt hat als Fürst oder Fürstin, kommt hier voll auf seine Kosten. Deckengemälde und Stuckdecken, Wandpaneele und Wirkteppiche sowie Barockmöbel und eine gepolsterte Klobrille vermitteln einen Eindruck von der Pracht und dem Prunk, der den damaligen Adeligen zur Verfügung stand. Liebevoll wird hier gezeigt, wie ein Tag im Leben eines damaligen Celebritys ablief, wie er tafelte und feierte. Absolut beeindruckend ist auch die aufwendige Computer-Animation des Schlosses und des Vorplatzes.

Sehr zu empfehlen sind die Sonderausstellungen, die sich mit geschichtlichen (zum Beispiel »Der Weg zur Deutschen Einheit«) oder wissenschaftlichen (»Achtung Hochspannung! – Experimentierausstellung«) Themen beschäftigen.

Nicht weniger sehens- und hörenswert ist der alljährliche Kultursommer mit seinen Open-Air-Konzerten und -Theaterstücken, die beweisen, dass so ein Schlossinnenhof immer noch eine tolle Atmosphäre hat – und auch als Kulisse für moderne künstlerische Ausdrucksformen dienen kann.

Adresse Schlossplatz 13, 38304 Wolfenbüttel, www.schlosswolfenbuettel.de | **ÖPNV** Bus 420, Haltestelle Kornmarkt | **Anfahrt** A 395, Abfahrt Wolfenbüttel-Nord, auf der B 79 bis Wolfenbüttel, dort Hinweisschildern zum Schloss folgen | **Öffnungszeiten** Di–So 10–17 Uhr | **Tipp** Wolfenbüttel war einst eine Festungsstadt. Im Seeliger-Park finden Sie mit den unterirdischen Kasematten einige hochinteressante und stimmungsvolle Reste davon, die Sie auf Anfrage besichtigen können und sollten (www.wolfenbuettel.de/Tourismus).

99_Der Allerpark

Rasante Erlebnisse

Wolfsburg zählt wahrscheinlich nicht zu den beliebtesten Städten in der Region. Das ist ein bisschen ungerecht, denn keine andere hat einen so hohen Freizeitwert wie sie. Eine der größten Attraktionen ist eigentlich eine Ansammlung von mehreren Highlights, von denen jedes für sich schon einen Besuch der Stadt wert wäre.

Der Allerpark, dessen Mittelpunkt der Allersee bildet, bietet Freizeitmöglichkeiten en masse: Ob man nun baden oder angeln, paddeln oder rudern, segeln oder Motorboot fahren möchte – hier darf jeder seinem Steckenpferd nachgehen, weshalb es auch eine Wakeboarding-, eine Indoor-Fußball-, eine Hochseilkletteranlage sowie ein Bowling-Center gibt. Dazu kommen ein riesiger Platz für Flohmärkte, Messen und Volksfeste, ein Campingplatz und das Restaurant im ehemaligen kolumbianischen EXPO-Pavillon. Nicht zu vergessen: die Volkswagen-Arena für den VfL Wolfsburg, zu dessen größten Erfolgen der Gewinn der deutschen Fußballmeisterschaft der Herren im Jahr 2009 sowie die Erringung des Triples gehören, bestehend aus deutscher Meisterschaft, deutschem Pokal-Gewinn und Champions League-Sieg der Frauen im Jahr 2013. Wer selbst einmal Fußballstar sein möchte, dem sei der Besuch der VfL-Fußballwelt empfohlen, wo man sich diesem Spiel über wirklich viele tolle Mitmachstationen unterhaltsam nähern kann.

Auch die ruhmreichen Grizzly Adams sind sportlich äußerst erfolgreich und spielen in der höchsten deutschen Eishockey-Liga. Ihre Heimspiele tragen sie in der EisArena aus, die immerhin 4.500 Zuschauern Platz bietet. Aber was fast noch wichtiger ist: Nirgendwo kann man als Hobby-Schlittschuhfahrer seiner Leidenschaft in der Region so gut nachkommen wie in dieser Halle. Ungeschlagen ist auch das BadeLand mit seinem Strömungskanal, seinen Rutschen, Sprungtürmen, diversen Saunen und vor allem dem Wellenbad. Also mal ehrlich: Meinen nächsten Jahresurlaub verbringe ich in Wolfsburg.

Adresse Allerpark, 38448 Wolfsburg-Allerpark, www.allerpark.de | **ÖPNV** von Wolfsburg-Hauptbahnhof mit Bus 213 bis Haltestelle Badeland oder über ZOB mit Bus 160, 201, 202, 213, 380, Haltestelle Allerpark | **Anfahrt** A 2, am Dreieck Wolfsburg/Königslutter auf die A 39, Abfahrt Wolfsburg, dann Hinweisschildern folgen | **Öffnungszeiten** je nach spezifischem Ort und Attraktion | **Tipp** Für Schnäppchenjäger und Markenfetischisten: In den Designer Outlets Wolfsburg, An der Vorburg 1, gibt es unter anderem Klamotten von Calvin Klein, Porzellan von Rosenthal und Schokolade von Lindt (www.designeroutlets-wolfsburg.de).

100 Das AutoMuseum

Das Käfer-Paradies

Das AutoMuseum steht mittlerweile – man muss es leider so sagen – ein wenig im Schatten der großen, großen Autostadt. Und dabei ist es relativ jung, wurde erst 1985 eröffnet. Doch wer hätte damals ahnen können, dass VW ein derartiges Prunkstück wie die Autostadt hochzieht? Allerdings, auch das muss man sagen, ist das AutoMuseum (und wenn man in Wolfsburg »Auto« sagt, meint man VW) ein echtes Schmankerl für wahre Fans. Vor allen Dingen dem Käfer – nach dem Golf das erfolgreichste Volkswagen-Modell – wird hier reichlich gehuldigt. Da gibt es zum Beispiel einen Briefmarkenkäfer (der über und über mit Postwertzeichen beklebt ist), einen Holzkäfer (der für den Karneval in Venedig geschnitzt wurde), einen Korb-Käfer (dessen Karosserie und Innenwände mit Korb umflochten sind) und einen Herbie (aus der gleichnamigen Walt-Disney-Filmreihe).

Doch auch andere VW-Modelle werden ausgestellt, zum Beispiel der Bulli, den es in diversen Varianten zu bestaunen gibt, unter anderem als Feuerwehr-Pritschenwagen mit Drehleiter von 1965 und als Westfalia Campingwagen von 1978. Besonders viele Bewunderer haben die Rennwagen-Modelle, wie etwa der Formel-V-Rennwagen FORMCAR von 1965, der auf der Basis des Käfers (da ist er wieder!) gebaut wurde, oder der Golf 1 GTI »Rheila« von 1981. Denn auch der Golf, mit dem die Marke VW ihre Erfolgsgeschichte fortsetzte, darf natürlich nicht fehlen. Übrigens findet man unter den 130 ausgestellten Wagen auch Automodelle, die niemals in Serie gegangen sind. Ein Favorit unter diesen Prototypen ist der Volkswagen EA 47-12 von 1955/56 – ein Auto, das mit seinem klassischen Design weit schöner war als der schnöde Golf.

Man kann den Besuch des Museums also nur empfehlen, auch wenn es ein wenig abseits der Innenstadt liegt – als nostalgische Ergänzung zur Hochglanz-Autostadt. Echte Automobilisten werden hier feuchte Augen bekommen!

Adresse Dieselstraße 35, 38446 Wolfsburg-Heßlingen, http://automuseum.volkswagen.de
ÖPNV ab Wolfsburg-Hauptbahnhof mit Bus 212, Haltestelle Automuseum | Anfahrt A2 am Dreieck Wolfsburg/Königslutter auf die A39, Abfahrt Wolfsburg, dann Hinweisschildern folgen | Öffnungszeiten Di–So 10–17 Uhr | Tipp Das »Hallenbad« im Schachtweg war mal ein solches und ist jetzt ein Kulturzentrum. Im »Schwimmerbecken« finden Kunstausstellungen statt, im »Sauna-Klub« kleinere Konzerte (www.hallenbad.de).

101 Das Gartenschaugelände

Da fliegt dir doch das Blech weg

Das Schloss Wolfsburg wurde 1302 zum ersten Mal urkundlich erwähnt und im Laufe der Jahrhunderte von einer mittelalterlichen Burg (dem Sitz der Adelsfamilie von Bartensleben) zu einem Schloss im Stile der Weser-Renaissance umgebaut.

In diesem Zug entstand auch der Barockgarten mit seinen Hecken und dem Teehaus, den es seit 1709 gibt. Er wurde zwar mehrfach umgestaltet, doch noch immer zeichnet er sich durch seine geometrische Gliederung aus, mit der er einst angelegt wurde. Auf diese Weise zeigten die hier residierenden Herrscher, dass sie in der Lage waren, sich die »Welt untertan« zu machen, wie es schon in der Bibel gefordert wurde, und dass sie sogar der Natur ihren Willen aufzwingen konnten. Zum anderen ist da noch der eigentliche Schlosspark, bei dem es sich um einen klassischen englischen Landschaftspark handelt, der übrigens keineswegs weniger gestaltet wurde als der Barockgarten – nur viel subtiler. Geschickt angelegte Sichtachsen sorgen für Abwechslungsreichtum und täuschen eine natürlich gewachsene Landschaft vor. Aber auch hier bestimmt der Mensch darüber, was wie und wo wächst. Wahrscheinlich hätte die Natur auch keine rosa Sitzbänke in die Landschaft gestellt.

Nun wäre Wolfsburg nicht Wolfsburg, wenn hier die reine Nostalgie in Form von englischen und barocken Parks herrschen würde. Nein, denn im Jahre 2004 fand hier die Landesgartenschau statt, was zum einen zu einer Erweiterung des Geländes führte und zum anderen zu einer Umgestaltung, deren augenfälligste Elemente die Skulpturen aus spiegelndem Edelstahl sind – vielleicht das Schönste, was es in Wolfsburg an öffentlicher Kunst zu bestaunen gibt, zudem sie sich durch ihre Interaktivität auszeichnen. Grandios!

Wer den Schlosspark in voller Pracht und Schönheit kennenlernen möchte, sollte dies am besten bei den Kulturveranstaltungen im Frühjahr und Sommer tun.

Adresse Schloßstraße 8, 38448 Wolfsburg-Alt Wolfsburg | ÖPNV ab Wolfsburg-Hauptbahnhof mit Bus 160, 213, 380 oder vom ZOB mit Bus 201, 202, Haltestelle Schloß | Anfahrt A 2, am Dreieck Wolfsburg/Königslutter auf die A 39, Abfahrt Wolfsburg, dann Hinweisschildern folgen | Öffnungszeiten Schlosspark immer, Barockgarten Mo 6–16 Uhr, Di–Fr 8–17 Uhr, Sa 13–18 Uhr, So 10–18 Uhr | Tipp Auch sehr sehenswert: die mittelalterliche Wasserburg Burg Neuhaus, Burgallee 2 (www.burg-neuhaus.de).

102 Die Heilig-Geist-Kirche

Aus einem Guss

Der finnische Stararchitekt und Designer Alvar Aalto entwarf nicht nur das Kulturzentrum in der Porschestraße, sondern auch das sehr sehenswerte Heilig-Geist-Gemeindezentrum in der Röntgenstraße, das ein schönes Beispiel für modernes Bauen ist. Die Entstehungslegende besagt, dass der Pastor der Gemeinde Alvar Aalto zufällig in einem Wolfsburger Lokal getroffen hat, als dieser in der Stadt war, um am besagten Kulturhaus zu arbeiten. Der erste Entwurf für das Gotteshaus soll auf einer Serviette entstanden sein. Ob das stimmt, weiß man natürlich nicht, aber es ist vorstellbar.

Fakt ist jedenfalls, dass die Stadt an der Aller eine Hochburg Aaltos ist, der seine Bauten immer als Gesamtkunstwerke verstanden hat, die sich dadurch auszeichnen, dass sich der Meister selbst auch um die Innenarchitektur kümmerte. Seien es Lampen, Sitzmöbel oder Türgriffe – Aalto entwarf zumeist alles selbst.

Das tat er auch im Falle des 1962 erbauten Gemeindezentrums und der Heilig-Geist-Kirche. Als Erstes fällt auf, dass das Gotteshaus einen frei stehenden Glockenturm mit weithin sichtbaren Glocken hat – und dass überhaupt vermieden wurde, sich allzu sehr an tradierte Formen in Sachen Kirchenbau anzulehnen. Das gilt auch für die Innenarchitektur. Die weißen Wände kontrastieren mit einer Holzvertäfelung, die von der Decke bis hinter die Wand hinter dem Altar reicht. Die Sitzbänke sind leicht versetzt, sodass sie fast einen Halbkreis um den Altar bilden.

Prunk ist ja nie die Sache der Protestanten gewesen, aber hier ist die Raumgestaltung noch ein bisschen reduzierter und zurückhaltender. Vier Bilder von Marc Chagall bilden fast den einzigen Wandschmuck.

Alles zusammen bewirkt eine besondere Atmosphäre, die anders ist, als man sie sonst aus Kirchen kennt. Gemütlichkeit ist sicherlich das falsche Wort, aber ein persönlicheres Ambiente ist es auf jeden Fall.

Adresse Röntgenstraße 81, 38440 Wolfsburg-Klieversberg, www.kirche-wolfsburg-wittingen.de und http://panoramawerkstatt.de/wolfsburg | **ÖPNV** ab Hauptbahnhof mit Bus 213, Haltestelle Sauerbruch | **Anfahrt** A 2, am Dreieck Wolfsburg/Königslutter auf die A 39, Abfahrt Wolfsburg, der Braunschweiger Straße folgen, links abbiegen in die Röntgenstraße | **Öffnungszeiten** täglich 9–18 Uhr | **Tipp** Die Stephanuskirche, Detmeroder Markt 6, ist ebenfalls ein Bau Alvar Aaltos.

103 Heßlingen

Das Künstlerdorf

Wolfsburg ist die hässlichste Stadt Deutschlands, ach was, die hässlichste Stadt der Welt. Womöglich sogar des Universums. Das weiß jeder, der sonst nichts weiß. Denn hier stehen nur Betonbunker, Wohnbaracken und das Werk. Zum Glück lassen sich derartige Vorurteile durch einen unvoreingenommenen Besuch leicht widerlegen.

Vom Wolfsburger Bahnhof aus sind es keine zehn Minuten, bis man in einem Stadtviertel ist, das man ausgerechnet hier mit Sicherheit nicht erwartet. Dann steht man nämlich mitten in Heßlingen, beziehungsweise in den Überresten dieses Dorfes, das 871 erstmals als Hesslinghe urkundlich erwähnt wurde. Es ist also mehr als 1.000 Jahre alt. Gemächlich plätschert bis heute der Hasselbach durch den Ort. In Heßlingen befindet sich auch das älteste Bauwerk der Stadt, die St.-Annen-Kirche, die um 1250 gebaut wurde (und die damit auch älter ist als das Schloss Wolfsburg).

Dass nicht mehr vom alten Heßlingen übrig blieb, ist der Tatsache geschuldet, dass den Stadtplanern der 60er und 70er Jahren offenbar nicht klar war, wie wichtig solche gewachsenen Wohngebiete sind. Damals hatte man – zumal in Wolfsburg – nur die »autogerechte Stadt« im Sinn.

Doch immerhin besann man sich in den 80ern eines Besseren und begann sich um die alten Fachwerkhäuser zu kümmern und schuf hier eine kleine, aber feine Traditionsinsel, die heute einiges zu bieten hat: zum Beispiel zwei kleine Theater (darunter die Wolfsburger Figurentheater Compagnie), einige Ateliers, Galerien und Cafés. Nicht zu vergessen das Hirtenhaus, das älteste Wohnhaus der Stadt (1685 errichtet), und das Centro Italiano, ein Kulturzentrum und Treffpunkt für die älteste Migrantengruppe in Wolfsburg, die Italiener. Hier gibt es auch ein schönes Modell von Heßlingen im Jahre 1899. Schade, dass nicht noch mehr erhalten geblieben ist von diesem kleinen Dorf.

Adresse Am Hasselbach, 38440 Wolfsburg-Rothenfelde | **ÖPNV** ab Hauptbahnhof zu Fuß oder mit Bus 160, 170, 212 oder 280, Haltestelle Stadtwerke | **Anfahrt** A 2, am Dreieck Wolfsburg/Königslutter auf die A 39, Abfahrt Wolfsburg, der Braunschweiger Straße folgen, rechts abbiegen auf den Berliner Ring, links abbiegen in die Rothenfelder Straße, Ausschilderung zum Amtsgericht folgen | **Tipp** Das Hauptgebäude des Wolfsburger Hauptbahnhofs steht aufgrund seiner für die 1950er Jahre typischen Architektur unter Denkmalschutz.

104 Das H-v-F-Museum

Klingende Erinnerung

Fallersleben ist schön. Zumindest der alte Ortskern mit seinem Löschteich, der Kirche und den prächtigen Fachwerkhäusern. Zu denen zählt nicht nur eine ehemalige Scheune, in der jetzt ein großer Biosupermarkt untergebracht ist, sondern auch das Geburtshaus von August Heinrich Hoffmann, der vermutlich eher unter dem Namen Hoffmann von Fallersleben bekannt sein dürfte. Genau: der Dichter, der den Text der deutschen Nationalhymne geschrieben hat, das »Lied der Deutschen«. Heutzutage befindet sich in dem Haus ein Restaurant, das »Hoffmannhaus«, während in dem gegenüberliegenden Schlösschen ein Museum für den größten Sohn des Dorfes untergebracht ist.

Im ersten Ausstellungssaal sind gleich einige der witzigsten Exponate zu sehen, nämlich diverse schwarz-rot-goldene Devotionalien, die zeigen, dass der sogenannte »Fußball-Patriotismus« einige wirklich alberne Produkte hervorgebracht hat, darunter afrikanische Vuvuzelas, amerikanische Cowboy-Hüte, hawaiianische Blumenketten und hässliche Häschenohren – jeweils in den deutschen Nationalfarben natürlich.

Ernsthafter wird es dann in den weiteren Räumen des multimedial ausgestatteten Museums. Am Liederbaum, an den Hörstationen und am Karaoke-Mikrofon merkt man, wie viele Liedtexte dieses Mannes man kennt, ohne zu wissen, dass sie von ihm stammen. Zum Beispiel die Kinderlieder »Ein Männlein steht im Walde«, »Alle Vögel sind schon da«, »Bienchen summ herum« und »Morgen kommt der Weihnachtsmann«. Allerdings war Hoffmann von Fallersleben eben auch ein streitbarer Geist, dessen »Unpolitische Lieder« alles Mögliche waren, nur nicht unpolitisch. Der letzte Raum beschäftigt sich schließlich mit der inhaltlichen Interpretation des »Liedes der Deutschen« im Wandel der Zeiten und vergleicht es mit den Hymnen anderer Länder. Fazit: Ein äußerst sehens- und vor allen Dingen auch hörenswertes Museum.

Adresse Schloss Fallersleben, Schloßplatz 6, 38442 Wolfsburg-Fallersleben, Tel. 05362/52623, www.wolfsburg.de/hoffmann-museum | **ÖPNV** ab Hauptbahnhof mit Bus 180, Haltestelle Altes Brauhaus | **Anfahrt** A 2, am Dreieck Wolfsburg/Königslutter auf die A 39, Abfahrt Wolfsburg-Fallersleben, Ausschilderung folgen | **Öffnungszeiten** Di–Fr 10–17 Uhr, Sa 13–17 Uhr, So 11–17 Uhr | **Tipp** Im Alten Brauhaus zu Fallersleben, Am Alten Brauhaus 9, gibt es selbst gebrautes und frisch gezapftes Bier sowie gute deutsche Hausmannskost (www.brauhaus-fallersleben.de). Mahlzeit!

105 Das Islamische Kulturzentrum

Grün-weiße Pracht

Die meisten deutschen Innenstädte werden architektonisch von großen Sakralbauten beherrscht. Wolfsburg ist anders, auch in dieser Hinsicht. Kein Dom dominiert die Silhouette der City, sondern weltliche Bauten wie das Phæno und die vier Türme des VW-Werks sind die Erkennungszeichen dieser Stadt.

Statt einer Hauptkirche – in Braunschweig, Königslutter und Wolfenbüttel jeweils evangelisch – gibt es in Wolfsburg mehrere kleinere Gotteshäuser und Treffpunkte, die zu der evangelisch-lutherischen, der katholischen, reformierten, neuapostolischen, adventistischen, baptistischen, mennonitischen, methodistischen und mormonischen Religionsgemeinschaft gehören, aber natürlich gibt es hier auch Juden (orthodoxe und liberale) sowie Muslime. Diese Vielfalt ist nicht zufällig, setzt sich die Bevölkerung Wolfsburgs doch hauptsächlich aus Zugezogenen zusammen und hat mit fast zehn Prozent einen – für niedersächsische Verhältnisse – recht hohen Ausländeranteil. Die ersten nicht deutschen Zuwanderer, die hier lebten und arbeiteten, kamen aus Italien, es folgten jedoch bald auch Menschen aus anderen Ländern, vor allen Dingen aus dem Mittelmeerraum, aus der Türkei und Tunesien.

Architektonisch beeindruckend ist das Islamische Kulturzentrum mit der Al-Salam-Moschee am Berliner Ring. Die »Friedensmoschee« wurde 2006 eröffnet und von einem Wolfsburger Architekturbüro entworfen. Hauptsponsor war der Sultan bin Mohamed al-Qasimi, der Herrscher des Emirats Schardscha. Sie zeichnet sich durch ihre gelungene grün-weiße Farbgebung aus. Der würfelförmige Bau hat zwar eine Kuppel, auf der eine Mondsichel zu sehen ist, aber kein Minarett. Auch für Nichtmuslime besteht die Möglichkeit, die Moschee mit dem Gebetsraum, der Gebetsnische, der Kanzel und dem Waschraum zu besuchen.

Adresse Berliner Ring 39, 38440 Wolfsburg-Schillerteich, www.islam-wolfsburg.de | **ÖPNV** ab Hauptbahnhof mit Bus 215, 216 oder 383, Haltestelle VW-Bad | **Anfahrt** A 2, am Dreieck Wolfsburg/Königslutter auf die A 39, Abfahrt Wolfsburg, Braunschweiger Straße folgen, rechts abbiegen in Berliner Ring | **Öffnungszeiten** Führungen unter Tel. 05361/2764572 oder info@islamwob.de | **Tipp** Die katholische St.-Christophorus-Kirche, Antonius-Holling-Weg 15, ist dem Schutzpatron der Autofahrer geweiht – wir sind hier schließlich in Wolfsburg.

106 Der Japangarten

New York, Paris, Wolfsburg

Fast 100.000 Besucher hat das Kunstmuseum Wolfsburg im Jahr, was im Vergleich mit den großen Museen in Weltstädten wie New York, London und Rom wenig sein mag (Spitzenreiter ist der Louvre in Paris mit über 9,3 Millionen) – aber im Vergleich zur Größe der Stadt viel ist (Wolfsburg hat 120.000 Einwohner). Und das hiesige Kunstmuseum hat ja auch einiges zu bieten auf seinen 3.500 Quadratmetern Ausstellungsfläche. Zur Sammlung gehören nämlich unter anderem Werke von Andreas Gursky, Anselm Kiefer, Bruce Nauman und Cindy Sherman.

Der Schwerpunkt des Museums liegt natürlich auf moderner und zeitgenössischer Kunst – wir reden hier schließlich über Wolfsburg, nicht über Wolfenbüttel. Im Mittelpunkt stehen groß angelegte und umfassende thematische Ausstellungen sowie Retrospektiven zu Größen wie Neo Rauch. Dabei zeigt sich das Museum durchaus breit gefächert und featured Malerei und Skulptur ebenso wie Fotografie und Video oder Mode und Design. Insbesondere die Ausstellungen zu Film und Fotografie sind absolut sehenswert und zählen zum Besten, was es in der Region gibt. Beispielhaft sei hier die Ausstellung zum Thema »Slapstick« vor einigen Jahren genannt, in der Szenen aus klassischen Slapstick-Filmen mit Arbeiten zeitgenössischer Künstler konfrontiert wurden, die Motive daraus aufgriffen. Das gefiel sogar Kindern.

Wenn man dann durch ist mit dem Museum, ist man wirklich durch – und benötigt ein wenig Kontemplation. Die findet man im Japangarten im Innenhof, der im Rahmen der Ausstellung »Japan und der Westen« entstand. Der Architekt Kazuhisa Kawamura verband hier die Architektur Mies van der Rohes (dessen lobenswerter Leitspruch »Weniger ist mehr« lautete) mit Elementen aus dem Zen-Garten Hojo-Teien im »Tempel des zur Ruhe gekommenen Drachen« in Kyōto. Und genau dazu dient er: um zur Ruhe zu kommen und sich auf das Wesentliche zu konzentrieren.

Adresse Hollerplatz 1, 38440 Wolfsburg-Innenstadt, www.kunstmuseum-wolfsburg.de | **ÖPNV** Bus 230, Haltestelle Kunstmuseum oder ab Hauptbahnhof mit dem Bus 215, 216 oder 383, Haltestelle Kunstmuseum | **Anfahrt** A 2, am Dreieck Wolfsburg/Königslutter auf die A 39, Abfahrt Wolfsburg, Braunschweiger Straße folgen bis Kunstmuseum | **Öffnungszeiten** Di–So 11–18 Uhr | **Tipp** Am Hang des Klieversberges gelegen ist das Theater Wolfsburg, Klieverhagen 50 – Architekt Hans Scharoun war einer der Hauptvertreter der Organischen Architektur. Leider ist es von der Porschestraße aus kaum noch zu sehen (www.theater.wolfsburg.de).

107_Das Laufband zur Autostadt

Rollen und Fahren

Wolfsburg ist eine Stadt, die vom VW-Konzern geprägt ist. Der sich deshalb auch eine Stadt in der Stadt leistet: die Autostadt. Na ja, eigentlich sind es sogar zwei Städte, denn »das Werk«, wie es hier immer nur genannt wird, ist ja auch quasi eine eigene Stadt mit gigantischen Ausmaßen und Tausenden von Teilzeitbewohnern – die Jahre ihres Lebens dort verbringen. Volkswagen ist heute einer der erfolgreichsten Autokonzerne der Welt. Bereits 1955 lief der millionste Käfer vom Band. Der Golf trat in dessen Fußstapfen (beziehungsweise fuhr in seinen Fahrspuren) und löste ihn einige Jahrzehnte später als erfolgreichstes Automodell aus dem Haus VW ab. Kein Wunder also, dass sich der Konzern hier in Wolfsburg ein repräsentatives Zentrum leistet – eine Mischung aus Ferienresort, Freizeitpark, Museum und Autohaus.

So wie die vier Schornsteine die Kennzeichen des Werks sind, leistet sich die Autostadt die berühmten und weithin sichtbaren zwei Autotürme. Dazu gibt es noch die acht Pavillons, mit denen die Marken gefeiert werden, die heute zum Konzern gehören: Audi, Seat, Skoda, Lamborghini, Bentley / Bugatti, Porsche, Volkswagen und Volkswagen Nutzfahrzeuge. Weitere Bereiche der Autostadt: ein Park mit Hügeln, Seen und Promenaden, das Konzernzentrum mit Piazza, das MobiVersum, die Werkstadt im Automobilmuseum ZeitHaus, das Rumfahrland, der Lernpark, das Autolab, der GeländeParcours, das KundenCenter, das Mobilitätsdeck, das Hotel The Ritz-Carlton …

Aber das Tollste findet man, bevor man die Autostadt – so man denn mit dem Zug anreist – überhaupt betritt. Ein langes, langes Laufband auf der Brücke, die vom Bahnhof (und der City) zur Autostadt führt. Genau so haben sich Science-Fiction-Autoren immer die Zukunft vorgestellt. Und so ist es ja auch gekommen.

Adresse Stadtbrücke, 38440 Wolfsburg-Innenstadt, www.autostadt.de | ÖPNV beim Hauptbahnhof | Anfahrt A 2 Richtung Berlin, am Dreieck Wolfsburg / Königslutter auf die A 39, Abfahrt Wolfsburg, Ausschilderung folgen | Öffnungszeiten Mo – So 9 – 18 Uhr | Tipp Wolfsburg hat – man glaubt es kaum – ein überaus gut ausgebautes Fahrradwegenetz. Leihen Sie sich doch einfach mal ein Fahrrad und probieren Sie es aus. Am Bahnhof zum Beispiel über www.callabike.de

108 Das Phæno

Wissenschaft zum Anfassen

Wolfsburg ist die Stadt der Zukunft. Um diesen Anspruch zu verdeutlichen, hat sich die Minimetropole an der Aller ein ganz besonderes Gebäude geleistet: das Phæno, dessen Lage am Bahnhof nicht zentraler sein könnte. Zaha Hadid, eine Architektin britisch-irakischer Herkunft, hat mit ihm eines ihrer Hauptwerke geschaffen, auf das sie zu Recht stolz sein darf.

Auch wenn es bei der Errichtung einige technische Probleme gab, da das Phæno auf zehn Betonpfeilern ruhen sollte, um einen fließenden und schwebenden Eindruck zu erwecken. Das war nicht ganz einfach umzusetzen, doch ist einsichtig, dass eine »Experimentierlandschaft« wie das Phæno auch eine besondere Architektur braucht.

Entstanden ist damit ein Wissenschaftszentrum, an dessen rund 350 Stationen die Besucher Experimente durchführen können. Es geht hier also nicht darum, dass man etwas nachliest oder sich anschaut, sondern dass man etwas erfährt, mit allen Sinnen, durch Mitmachen und Mitdenken, durch Versuch und Irrtum. Natürlich gibt es Attraktionen, die besonders beliebt sind wie der sprechende Roboter und der Feuertornado sowie die Vorführungen und Shows im kleinen Wissenschaftstheater. Aber da es keine vorgeschriebenen oder auch nur vorgeschlagenen Wege gibt, kann jeder Aushilfswissenschaftler einfach dorthin gehen, wo es ihm beliebt, und so lange bleiben, wie es ihm gefällt. Wissen wird also spielerisch vermittelt – was konkret bedeutet, dass es überall summt und brummt und wummst. Ein herrlicher Augen- und Ohrenschmaus und ein großer Spaß für jedes Alter.

Es laden zum Glück immer wieder neue Versuche ein, bei denen man laufen, hüpfen, basteln und tüfteln kann, sodass sich auch die Jahreskarte schnell rechnet. Ein Lieblingsort im Phæno ist das sogenannte Hexenhäuschen. So einfach lassen sich die menschlichen Sinne also hinters Licht führen ...

Adresse Willy-Brandt-Platz 1, 38440 Wolfsburg-Innenstadt, www.phaeno.de | **ÖPNV** am Hauptbahnhof | **Anfahrt** A 2, am Dreieck Wolfsburg/Königslutter auf die A 39, Abfahrt Wolfsburg, Ausschilderung folgen | **Öffnungszeiten** Di–Fr 9–17 Uhr, Sa und So 10–18 Uhr, in den Schulferien Mo–So 10–18 Uhr | **Tipp** Der Name täuscht – das HolzBankTheater im Wolfsburger Stadtteil Reislingen, Hauptstraße 41, ist bestuhlt. Gezeigt werden Klassiker, aber auch Boulevardkomödien; ergänzt wird das abwechslungsreiche Programm durch Kindervorstellungen (holzbanktheater.com).

109 Das Planetarium

Bis zur Unendlichkeit und noch viel weiter!

Wenn man von der Autobahn nach Wolfsburg hineinfährt, sieht man es schon: das Planetarium. Es könnte daher fast ein Wahrzeichen dieser Stadt sein – wenn es hier nicht noch so viele andere Attraktionen gäbe. Dabei ist das Gebäude mit seiner Kuppel (Durchmesser: 15 Meter) durchaus beeindruckend.

Das Wolfsburger Planetarium geht auf einen Deal zwischen VW und der DDR zurück. 1977 verabredete man, dass im Tausch gegen einen Planetariumsprojektor der Jenaer Firma Carl Zeiss 10.000 Volkswagen nach Ostdeutschland geliefert werden. Bei dieser Technik war der Osten dem Westen nämlich noch überlegen oder zumindest ebenbürtig. VW schenkte das Planetarium anschließend der Stadt Wolfsburg; eingeweiht wurde es 1983. Im Laufe der Jahrzehnte wurde der Projektor natürlich ausgetauscht und die Technik noch weiter verfeinert. Aber es gibt auch heute noch klassische Veranstaltungen zum Aufbau unseres Sonnensystems und des Weltalls. Und es wird den Fragen nachgegangen, ob Gefahr aus dem All droht oder ob es außerirdisches Leben gibt (oder beides). Auch die bemannte Raumfahrt und die Vorstellungen unserer Altvorderen vom Himmelszelt sind natürlich ein Thema. Daneben gibt es zudem kulturelle Veranstaltungen, zum Beispiel mit der Musik der Progressive-Rock-Band Pink Floyd (»The Dark Side of the Moon«). Und unter dem Motto »Chaos and Order« wird sogar eine »mathematische Symphonie« aufgeführt (bei der Sie übrigens nicht rechnen müssen). Ein Kinderprogramm mit Lars, dem kleinen Eisbären, Tabaluga, dem grünen Drachen, und dem Regenbogenfisch ergänzen diese Angebote.

Apropos Kinder und Familie: Man kann sich im Kuppelsaal des Planetariums sogar trauen lassen. Und da angesichts der Unendlichkeit des Weltalls auch religiöse Gefühle nicht ausbleiben, verwundert es vielleicht nicht, dass hier einmal im Jahr ein evangelischer Gottesdienst stattfindet.

Adresse Uhlandweg 2, 38440 Wolfsburg-Innenstadt, www.planetarium-wolfsburg.de | **ÖPNV** Bus 230, Haltestelle Theater oder ab Wolfsburg-Hauptbahnhof über den ZOB mit Bus 202 oder 213, Haltestelle Theater | **Anfahrt** A 2, am Dreieck Wolfsburg/Königslutter auf die A 39, Abfahrt Wolfsburg, Braunschweiger Straße folgen bis Theater oder Congresspark | **Öffnungszeiten** bei Veranstaltungen, siehe Homepage | **Tipp** Auf dem Klieversberg führt ein geologischer Lehrpfad entlang, der in den »Nationalen Geopark Harz. Braunschweiger Land. Ostfalen« eingegliedert ist (siehe Seite 156).

110 Die Porschestraße

Walking into the future

Dass Wolfsburg erst 1938 als »Stadt des KdF-Wagens bei Fallersleben« gegründet wurde, hat den Nachteil, dass es keine gewachsene Altstadt gibt. Aber es hat den Vorteil, dass man architektonisch auf dem neuesten Stand ist. Man sieht es nicht zuletzt an den vielen modernen, postmodernen, ja futuristischen Bauten, die die Innenstadt prägen. Besonders deutlich wird das in der Porschestraße, die sich quer durch die City zieht und das Kunstmuseum mit dem Phæno und das Alvar-Aalto-Kulturhaus mit dem Designer-Outlet-Store verbindet. Es wäre vielleicht falsch zu behaupten, dass das Ergebnis immer schön ist (im klassischen Sinne jedenfalls), doch es ist auf jeden Fall einmalig, ja einzigartig. Und zwar nicht nur in der Region, sondern in ganz Deutschland.

An Wolfsburg hängt aber auch immer der Ruch des Neureichen. Das hat natürlich viel mit Neid zu tun. Volkswagen ist ein Weltkonzern, und hier ist seine Zentrale. Diese Stadt beschenkt der Konzern daher auch reich – selbstverständlich nicht immer unbedingt uneigennützig. Wolfsburg ist inzwischen Teil des Marketingkonzeptes, weshalb auch der VfL gehätschelt wird und nicht der provinzielle Fußball-Konkurrent aus Braunschweig, denn die Okerstadt kennt im Ausland niemand, Wolfsburg hingegen schon. Wolfsburg ist Volkswagen und Volkswagen ist Wolfsburg. Dass eine Fußgängerzone nach einem Autobauer benannt wird, ist sicherlich typisch für diese Stadt.

Man mag es kritisch sehen, dass die Stadt durch einen Großkonzern dominiert wird, aber wer durch die Porschestraße mit seinen Geschäften und öffentlichen Gebäuden flaniert, spürt, dass Wolfsburg heute das höchste Pro-Kopf-Einkommen in der Region hat. Und wer wissen will, wie die Welt vielleicht in einigen Jahrzehnten aussehen wird, ist gut beraten, hier – in der bedeutendsten Stadtgründung in Europa im 20. Jahrhundert – seine Untersuchung zu beginnen.

Adresse Porschestraße, 38440 Wolfsburg-Innenstadt | **ÖPNV** zu Fuß vom Hauptbahnhof | **Anfahrt** A2, am Dreieck Wolfsburg/Königslutter auf die A39, Abfahrt Wolfsburg, Braunschweiger Straße folgen bis Kunstmuseum | **Tipp** Mit diversen gastronomischen Einrichtungen und einer Weinhandlung pflegt Wolfsburg an der Piazza Italia in der Goethestraße seine italienischen Wurzeln.

111 Das Schloss Wolfsburg

Die Vergangenheit der Zukunft

Wolfsburg ist die Stadt der Kontraste. Das gilt auch und gerade für die Architektur. Das Phæno (s. Seite 224) könnte man daher als ein Sinnbild für das Neue, für das Moderne und für die Zukunft sehen. Das Schloss hingegen, gleich hinter der Autostadt, dem Allerpark und dem Stadion gelegen, repräsentiert die in Wolfsburg wirkenden Traditionen. Obwohl es sich auch in diesem Falle nicht um eine altbackene Einrichtung handelt, in der man sich hemmungslos einer Verklärung der Vergangenheit hingibt.

Stattdessen findet man im Schloss die Städtische Galerie: eine schöne Sammlung zeitgenössischer Kunst, verteilt auf mehrere Etagen und verbunden durch ein wunderschönes Treppenhaus. Damit ist die Ausstellung eine gute Ergänzung zum Kunstmuseum auf der anderen Seite der Stadt.

Des Weiteren sind im Schloss das Institut Heidersberger (dem Industrie- und Architekturfotografen Heinrich Heidersberger gewidmet) und der Kunstverein untergebracht. Nicht zu vergessen das Stadtmuseum, in dem man sich mit Hilfe von Ausstellungsstücken und Zeitzeugenberichten über die kurze, aber bewegte Geschichte der Stadt informieren kann. Für besondere Begeisterung sorgt bei den meisten Besuchern der originalgetreu rekonstruierte Friseursalon der 1950er Jahre. Auch die Videoinstallation ist sehr ansprechend, in der »ein Tag im Leben der Berliner Brücke« gezeigt wird, die bis zu 60.000 Fahrzeuge pro Tag überqueren; manchmal offensichtlich im Stop-and-go-Modus. Außerdem sind »vorbeirasende« Kanalschiffe, der rege Flugverkehr über der Stadt und Autos beim Fahrtraining zu sehen.

Wesentlich ernster wird es dann im ersten Stock, der dem Schicksal der Zwangsarbeiter gewidmet ist – die Ursünde dieser Stadt. Darüber stößt man auf ein Kunstwerk, das dieses Thema aufgreift, indem es die kyrillischen Inschriften verarbeitet, die an den Buchen auf dem Klieversberg hinterlassen worden sind.

Adresse Schlossstraße 8, 38448 Wolfsburg-Alt Wolfsburg | **ÖPNV** ab Wolfsburg-Hauptbahnhof mit Bus 160, 213, 380 oder vom ZOB mit Bus 201, 202, Haltestelle Schloss | **Anfahrt** A 2, am Dreieck Wolfsburg/Königslutter auf die A 39, Abfahrt Wolfsburg, dann Hinweisschildern folgen | **Öffnungszeiten** Stadtmuseum Di–Fr 10–17 Uhr, Sa 13–18 Uhr, So 11–18 Uhr, Städtische Galerie Di 13–20 Uhr, Mi–Fr 10–17 Uhr, Sa 13–18 Uhr, So 11–18 Uhr | **Tipp** Die Bockwindmühle (im Pfadfinderweg) in Kästorf kann nach Voranmeldung unter Tel. 05386/828540 besichtigt werden.

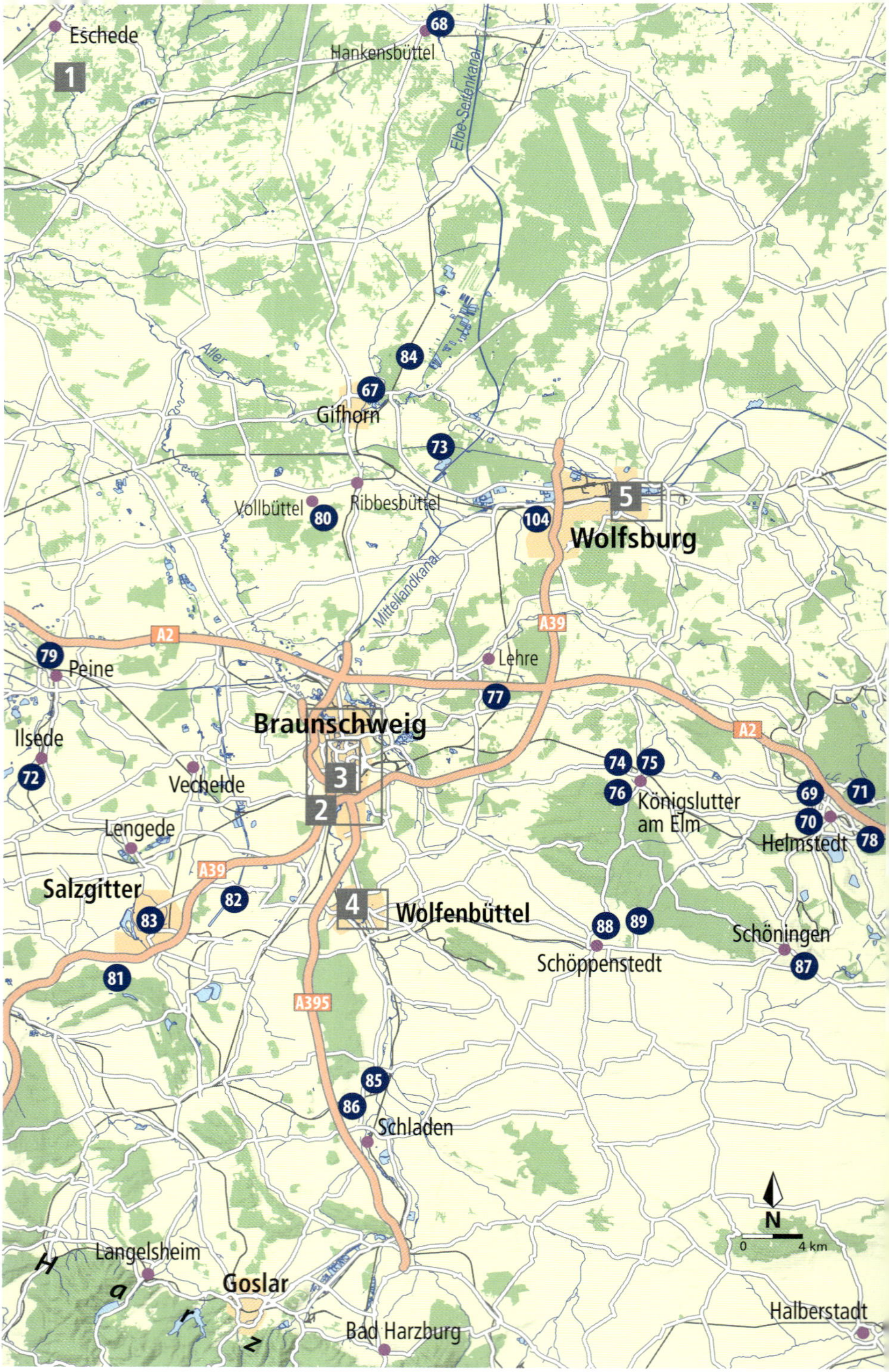

Eschede
1
68
Hankensbüttel
Elbe-Seitenkanal
Aller
84
67
Gifhorn
73
Vollbüttel
80
Ribbesbüttel
5
104
Wolfsburg
Mittellandkanal
A39
A2
79
Peine
Lehre
77
Braunschweig
A2
Ilsede
72
Vechelde
3
2
74
75
76
Königslutter am Elm
69
71
70
Helmstedt
78
Lengede
A39
Salzgitter
83
82
4
Wolfenbüttel
88
89
Schöppenstedt
Schöningen
87
81
A395
85
86
Schladen
N
0
4 km
Langelsheim
Harz
Goslar
Bad Harzburg
Halberstadt

2
VELTENHOF
61
Oker
A391
A392
A2
15
KRALENRIEDE
46
12
63
9
QUERUM
40
VOLKMARODE
21
34
3
LEHNDORF
13
49
RIDDAGS-
HAUSEN
32
54
4
BRAUNSCHWEIG
Oker
7
56
A391
33
29
20
17
51
41
BEBELHOF
A39
36
WESTSTADT
5
LINDENBERG-
SIEDLUNG
48
19
HEIDBERG
2
57
MELVE-
RODE
26
A395
A39
STÖCKHEIM
Oker
N
0
600 m

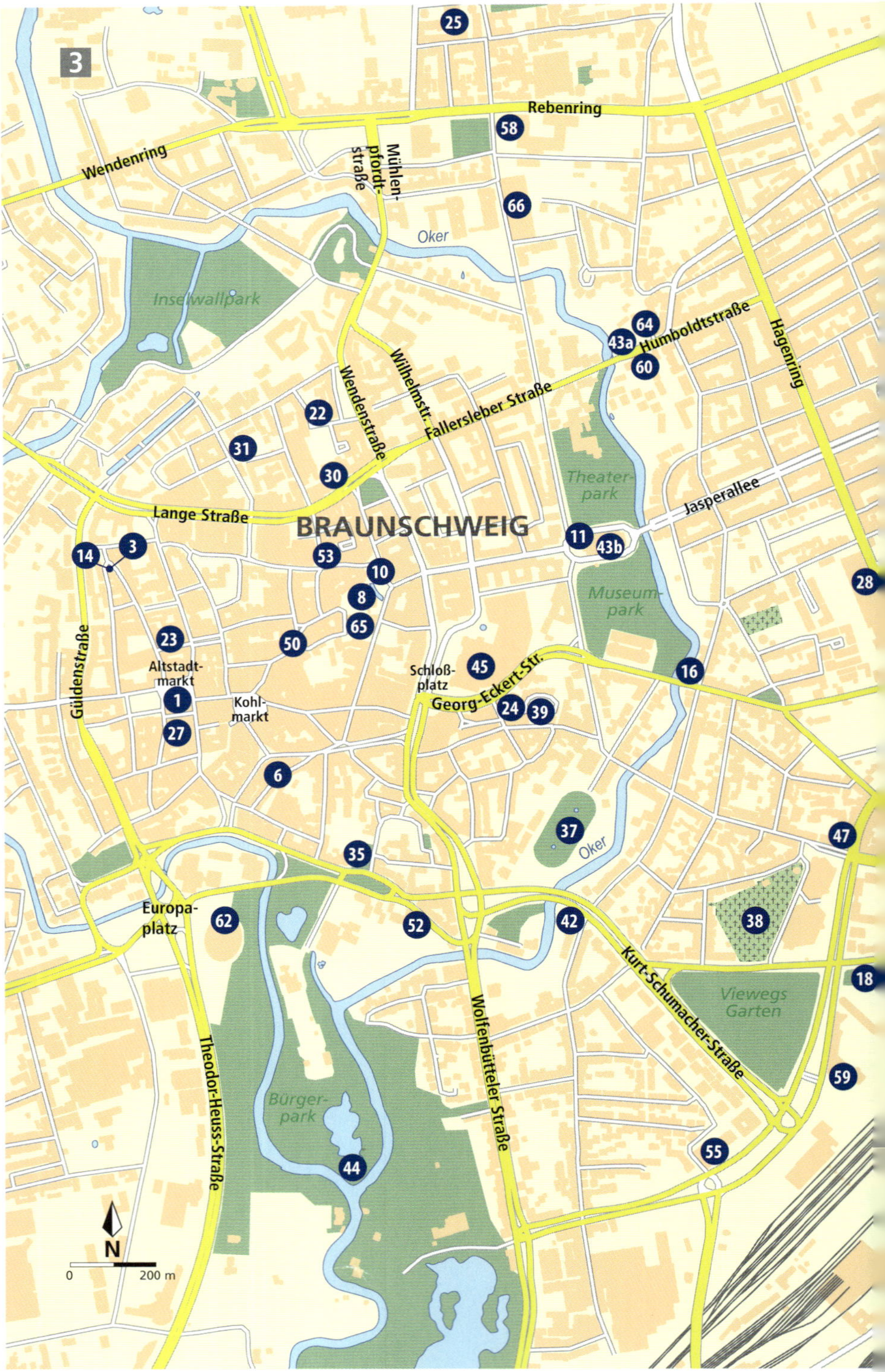

3
Rebenring
Wendenring
Mühlen-
pfordt-
straße
Oker
Inselwallpark
Humboldtstraße
Hagenring
Wendenstraße
Wilhelmstr.
Fallersleber Straße
Theater-
park
Jasperallee
Lange Straße
BRAUNSCHWEIG
Museum-
park
Güldenstraße
Altstadt-
markt
Kohl-
markt
Schloß-
platz
Georg-Eckert-Str.
Oker
Europa-
platz
Kurt-Schumacher-Straße
Viewegs
Garten
Wolfenbütteler Straße
Theodor-Heuss-Straße
Bürger-
park
N
0
200 m
25
58
66
64
43a
60
22
31
30
11
43b
28
14
3
53
10
8
65
23
50
45
16
1
27
24
39
6
37
47
35
62
52
42
38
18
59
55
44

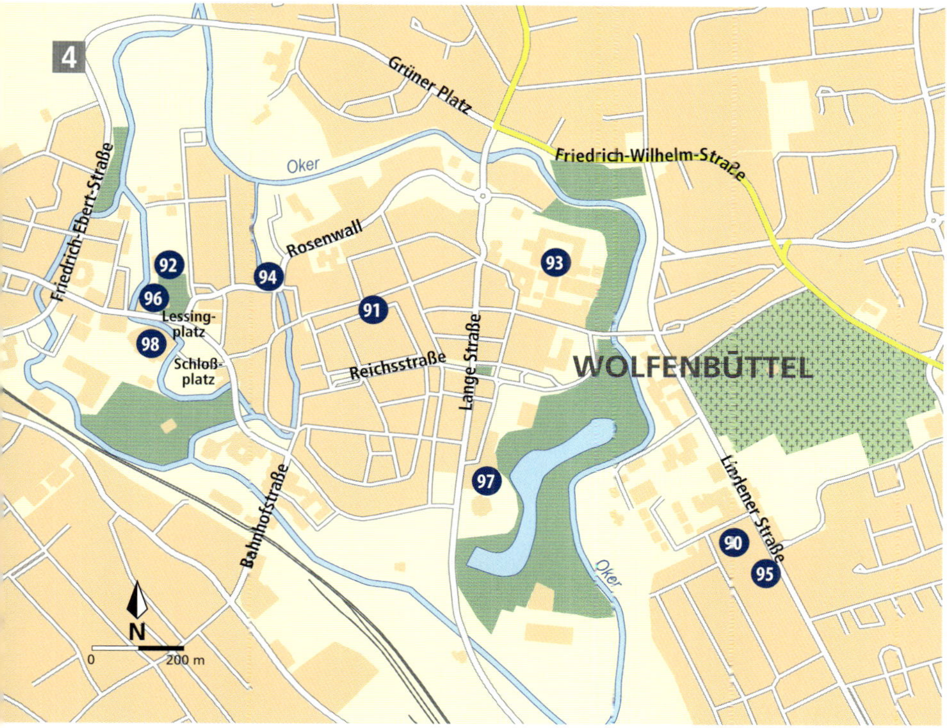
4
Grüner Platz
Friedrich-Wilhelm-Straße
Oker
Friedrich-Ebert-Straße
Rosenwall
92
96
98
94
91
93
Lessing-
platz
Schloß-
platz
Reichsstraße
Lange Straße
WOLFENBÜTTEL
97
Bahnhofstraße
Lindener Straße
90
95
Oker
N
0
200 m

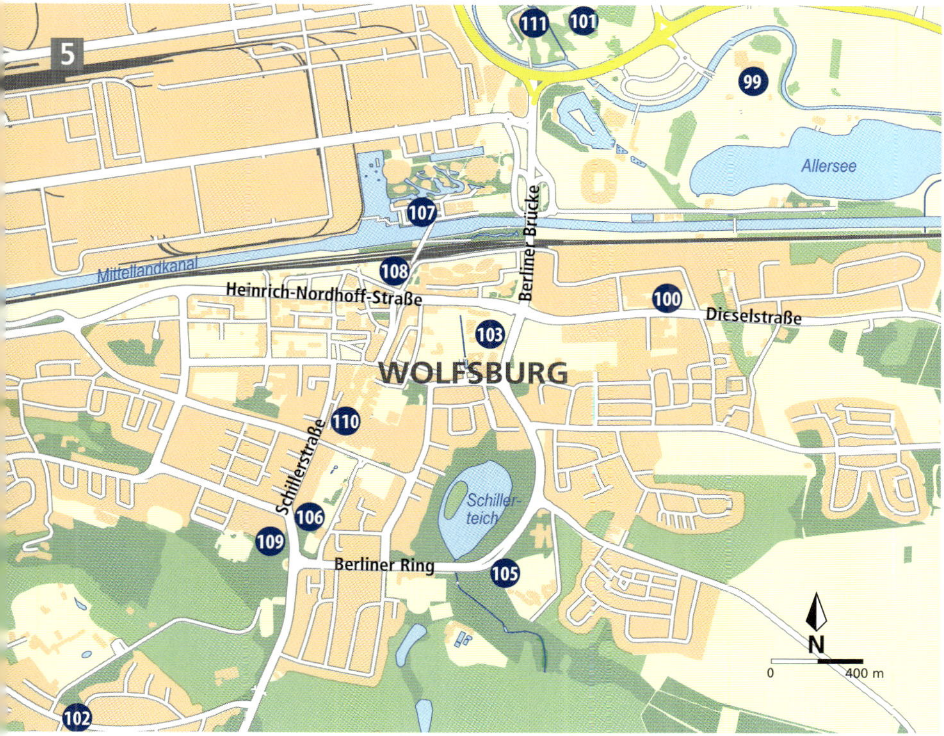
5
111
101
99
Allersee
107
Berliner Brücke
Mittellandkanal
108
Heinrich-Nordhoff-Straße
100
Dieselstraße
103
WOLFSBURG
110
Schillerstraße
Schiller-
teich
106
109
Berliner Ring
105
N
0
400 m
102

Rüdiger Liedtke
111 Orte auf Mallorca, die man gesehen haben muss
ISBN 978-3-89705-975-7

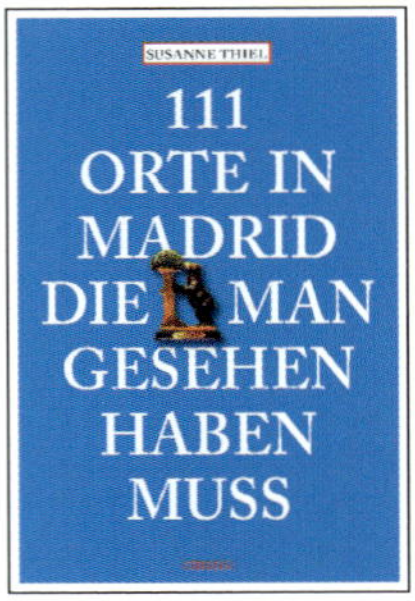

Susanne Thiel
111 Orte in Madrid, die man gesehen haben muss
ISBN 978-3-95451-118-1

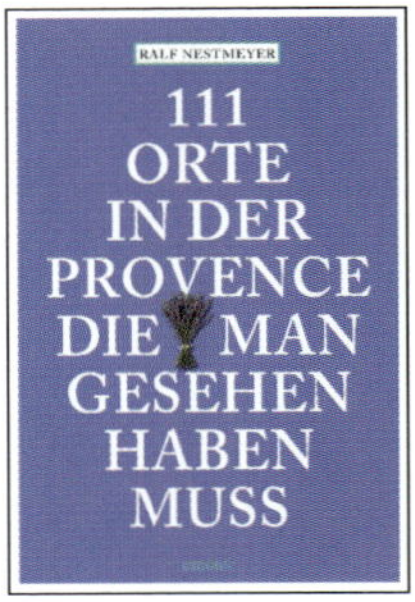

Ralf Nestmeyer
111 Orte in der Provence, die man gesehen haben muss
ISBN 978-3-95451-094-8

Peter Eickhoff
111 Orte in Wien, die man gesehen haben muss
ISBN 978-3-89705-969-6

Stefan Spath
111 Orte in Salzburg, die man gesehen haben muss
ISBN 978-3-95451-114-3

Jo-Anne Elikann
111 Orte in New York, die man gesehen haben muss
ISBN 978-3-95451-512-71

Dirk Engelhardt
111 in Barcelona, die man gesehen haben muss
ISBN 978-3-95451-066-5

John Sykes
111 Orte in London, die man gesehen haben muss
ISBN 978-3-95451-117-4

Annett Klingner
111 Orte in Rom, die man gesehen haben muss
ISBN 978-3-95451-219-5

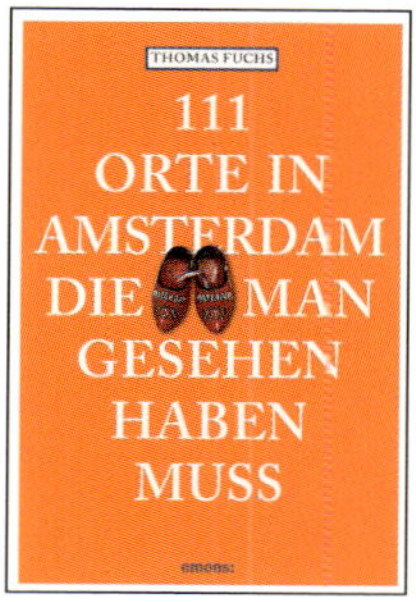

Thomas Fuchs
111 Orte in Amsterdam, die man gesehen haben muss
ISBN 978-3-95451-209-6

Stefan Spath, Gerald Polzer
111 Orte im Salzkammergut, die man gesehen haben muss
ISBN 978-3-95451-231-7

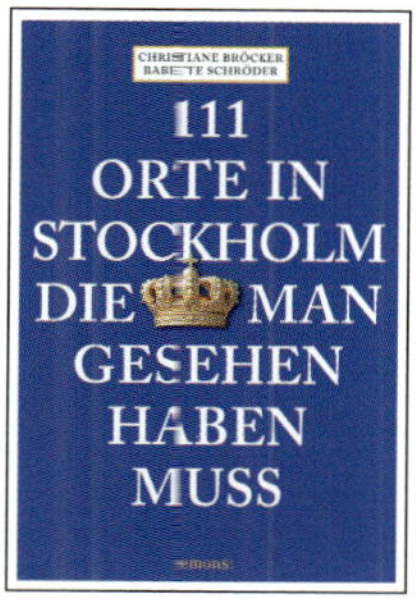

Christiane Bröcker,
Babette Schröder
111 Orte in Stockholm, die man gesehen haben muss
ISBN 978-3-95451-203-4

Sabine Gruber, Peter Eickhoff
111 Orte in Südtirol, die man gesehen haben muss
ISBN 978-3-95451-318-5

Marcus X. Schmid
111 Orte in Istanbul, die man gesehen haben muss
ISBN 978-3-95451-333-8

Gerd Wolfgang Sievers
111 Orte in Venedig, die man gesehen haben muss
ISBN 978-3-95451-352-9

Rüdiger Liedtke,
Laszlo Trankovits
111 Orte in Kapstadt, die man gesehen haben muss
ISBN 978-3-95451-456-4

Eckhard Heck
111 Orte in Maastricht, die man gesehen haben muss
ISBN 978-3-95451-368-0

Petra Sophia Zimmermann
111 Orte am Gardasee und in Verona, die man gesehen haben muss
ISBN 978-3-95451-344-4

Lucia Jay von Seldeneck, Carolin Huder, Verena Eidel
111 Orte in Berlin, die man gesehen haben muss
ISBN 978-3-89705-853-8

Bernd Imgrund
111 Kölner Orte, die man gesehen haben muss
Band 1
ISBN 978-3-89705-618-3

Lucia Jay von Seldeneck, Carolin Huder, Verena Eidel
111 Orte in Berlin, die Geschichte erzählen
ISBN 978-3-95451-039-9

Rike Wolf
111 Orte in Hamburg, die man gesehen haben muss
ISBN 978-3-89705-916-0

Gabriele Kalmbach
111 Orte in Stuttgart, die man gesehen haben muss
ISBN 978-3-95451-004-7

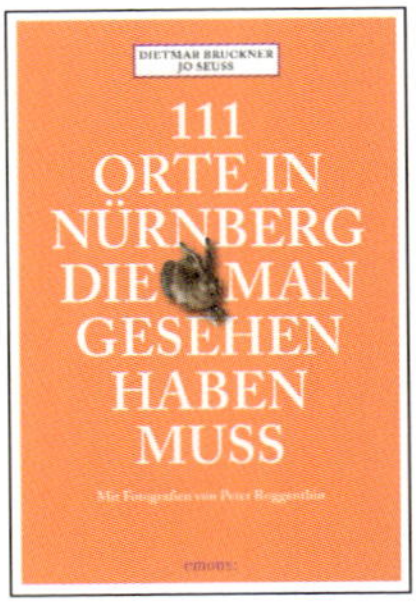

Dietmar Bruckner, Jo Seuß
111 Orte in Nürnberg, die man gesehen haben muss
ISBN 978-3-95451-042-9

Rüdiger Liedtke
111 Orte in München, die man gesehen haben muss
ISBN 978-3-89705-892-7

Rike Wolf, Tom Wolf
111 Orte in Frankfurt, die man gesehen haben muss
ISBN 978-3-95451-342-0

Peter Eickhoff
111 Düsseldorfer Orte, die man gesehen haben muss
ISBN 978-3-89705-699-2

Dietmar Bruckner,
Michaela Moritz
111 Orte in Bayreuth und der Fränkischen Schweiz, die man gesehen haben muss
ISBN 978-3-95451-130-3

Alexandra und
Jobst Schlennstedt
111 Orte an der Ostseeküste, die man gesehen haben muss
ISBN 978-3-89705-824-8

Ulf Annel
111 Orte in Erfurt, die man gesehen haben muss
ISBN 978-3-95451-022-1

Werner Schwanfelder
111 Orte in Mittelfranken, die man gesehen haben muss
ISBN 978-3-95451-336-9

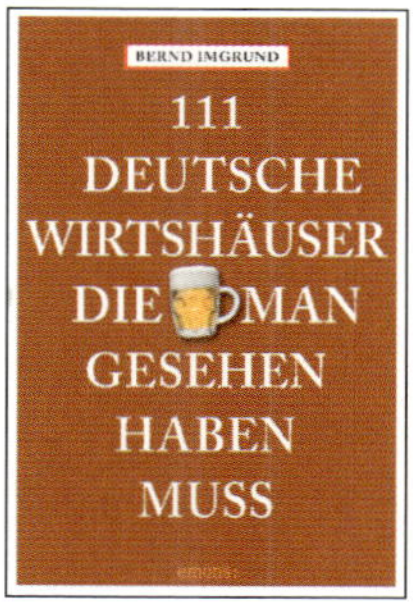

Bernd Imgrund
111 deutsche Wirtshäuser, die man gesehen haben muss
ISBN 978-3-95451-080-1

Cornelia Kuhnert
111 Orte in Hannover, die man gesehen haben muss
ISBN 978-3-95451-086-3

Dietlind Castor
111 Orte am Bodensee, die man gesehen haben muss
ISBN 978-3-95451-063-4

Daniela Bianca Gierok,
Ralf H. Dorweiler
111 Orte im Schwarzwald, die man gesehen haben muss
ISBN 978-3-89705-950-4

Bernd Imgrund
111 Orte in der Eifel, die man gesehen haben muss
ISBN 978-3-95451-003-0

Fotonachweis
© der Fotografien: Seite 13, 15, 17, 21, 25, 29, 31, 35, 41, 43, 51, 53, 55, 57, 59, 61, 63, 65, 69, 75, 77, 81, 85, 91, 95, 101, 103, 109, 117, 121, 131, 137, 141, 143, 147, 149, 153, 155, 161, 165, 167, 169, 171, 173, 175, 177, 179, 181, 183, 185, 187, 189, 191, 195, 197, 199, 211, 215, 217, 223: Thomas Hackenberg; Seite 11, 19, 23, 27, 33, 37, 39, 45, 47, 49, 67, 71, 73, 79, 83, 87, 89, 93, 97, 99, 105, 107, 111, 113, 119, 123, 125, 127, 129, 133, 135, 139, 145, 157, 159, 163, 193, 201, 203, 205, 207, 209, 213, 219, 221, 225, 227, 22, 231: Axel Klingenberg; Seite 115: Schadt's Brauerei Gasthaus; Seite 151: Urnenhain im Lappwald

Der Autor

Axel Klingenberg lebt als »schnoddriger Heimatschriftsteller« (Braunschweiger Zeitung), »Kult-Literat« (Subway), Mitarbeiter des interkulturellen Schreibprojekts #LoewenMaul und reisender Reporter in Braunschweig und dem Rest der Welt. Sie finden ihn im Stadion an der Hamburger Straße im Block 5.

Der Fotograf

Thomas Hackenberg lebt als freier Fotograf in Braunschweig. www.hackenberg.info